丝路经济与文化文库

中国（西安）丝绸之路研究院科学研究重点项目（2017SD01）

“一带一路”国家营商环境与产业投资（2018）

姜玮 戴辉 著

U0837981

中国经济出版社
CHINA ECONOMIC PUBLISHING HOUSE
·北京·

图书在版编目（CIP）数据

“一带一路”国家营商环境与产业投资．2018／姜玮，戴辉著．--北京：中国经济出版社，2021.12

ISBN 978-7-5136-6675-6

Ⅰ.①一… Ⅱ.①姜… ②戴… Ⅲ.①“一带一路”-投资环境-研究-2018 Ⅳ.①F112

中国版本图书馆 CIP 数据核字（2021）第 270560 号

责任编辑 郭国玺
责任印制 巢新强
封面设计 任燕飞工作室

出版发行 中国经济出版社
印 刷 者 北京九州迅驰传媒文化有限公司
经 销 者 各地新华书店
开　　本 710mm×1000mm 1/16
印　　张 14.25
字　　数 206 千字
版　　次 2021 年 12 月第 1 版
印　　次 2021 年 12 月第 1 次
定　　价 78.00 元
广告经营许可证 京西工商广字第 8179 号

中国经济出版社 **网址** www.economyph.com **社址** 北京市东城区安定门外大街 58 号 **邮编** 100011

本版图书如存在印装质量问题，请与本社销售中心联系调换（联系电话：010-57512564）

版权所有　盗版必究（举报电话：010-57512600）

国家版权局反盗版举报中心（举报电话：12390）　　服务热线：010-57512564

丝路经济与文化文库编委会

主　任　许宪春

副主任　胡　健

委　员　杨秋宝　秦其明　白暴力　肖红叶

冯宗宪　王振龙　傅德印　任保平

雷宏振　李　萍　李佼瑞　吴旺延

前　言

“一带一路”贯穿亚非欧大陆，一头是活跃的东亚经济圈，一头是发达的欧洲经济圈，中间广大腹地经济发展潜力巨大，为产业投资带来难得机会。“一带一路”倡议重点完善交通路网，加快互联网、通信等领域建设，实现国际信息高速公路畅通；加快跨国的输电、输油、输气等能源运输设施建设，贯通能源大通道。“一带一路”的互联互通项目将推动各国发展战略的对接，充分发掘区域市场的潜力，促进投资和消费，为各国创造需求与就业，增强各国互联互通伙伴关系，实现各国多元、自主、可持续发展，让各国人民共享和谐、安宁、富裕的生活。

商务部发布的数据显示，响应“一带一路”倡议的国家日益成为中国企业对外投资的热土，2013 年，中国境内投资者非金融类对外投资 901.7 亿美元，2017 年，投资总额达到 1 200.8 亿美元，同比上涨 33.2%（见图 0-1），中国境内投资者对“一带一路”沿线的 59 个国家有新增投资，合计 143.6 亿美元，同比下降 1.2%，投资金额占总额的 12%，占比较上年同期增加 3.5 个百分点，主要投向新加坡、老挝、印度尼西亚、巴基斯坦、马来西亚、柬埔寨、俄罗斯、阿联酋和越南等国家。

2013 年 9 月，习近平主席首次提出共建丝绸之路经济带的构想。2017 年 5 月，首届“一带一路”国际合作高峰论坛召开。历时 4 年，“一带一路”倡议从顶层设计到项目落实，在发展中不断完善，在合作中走向成熟。如今，“一带一路”建设进入关键时期，项目正在如火如荼地开展，越来越多的国家参与到“一带一路”建设中来，对我国纾解过剩产能、升级产业结构带来了重大机遇，同时也带来了重大挑战。中国大多数企业存续时间较短，抵御外来风险的能力较弱，国际市场、地缘政治变幻莫测，霸权国家贸易独裁时有

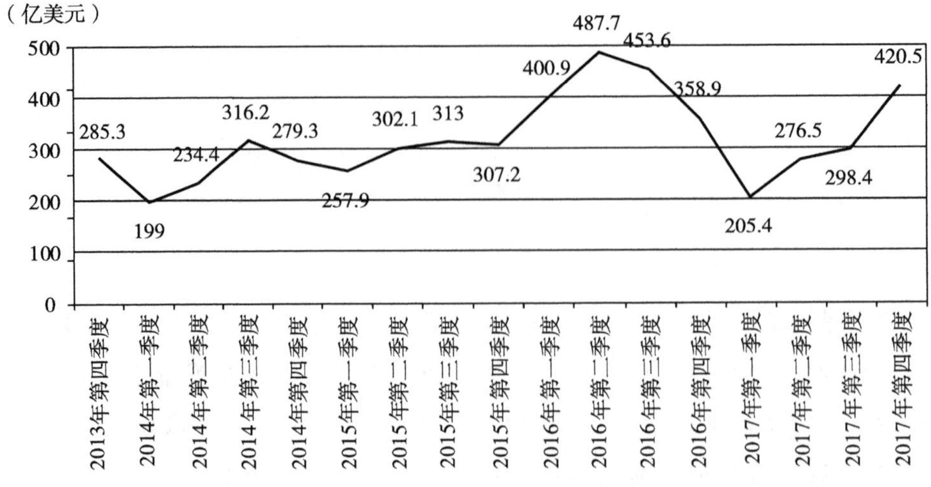

图 0-1　2013 年以来中国境内投资者非金融类对外直接投资

发生，重要产业核心技术受制于发达国家，国家能力对国际市场的影响有限，等等，都表明我国产业发展尚不成熟，还未曾经历市场的打磨。企业要对外投资，管控风险尤为重要，特别是新兴产业及高科技产业，如何有效应对上述挑战是每一位投资者需要预先考虑的问题。同时，针对各企业的具体情况，制定出风险预案，是企业进行相关产业投资之前的必备工作。

2017 年 8 月，国务院发布《关于进一步引导和规范境外投资方向的意见》，明确限制了对房地产、影城、娱乐业、体育俱乐部、酒店等境外投资，明确指出重点推进有利于“一带一路”建设和周边互联互通的基础设施境外投资。同时，商务部、国家发展改革委、中国人民银行等部门陆续推出企业对外投资的监管文件，一方面鼓励境内企业参与“一带一路”建设和国际产能合作，另一方面防范企业对外投资风险，促进对外投资持续健康发展。

本书旨在利用大数据技术研究响应“一带一路”倡议国家产业投资。之于政府，一方面，从宏观层面了解企业产业投资需求，合理、有效地调整产业调控政策；另一方面，根据产业需求及相关统计数据预测、管控风险。之于企业，通过对互联网数据的整体把握，一方面，了解响应“一带一路”倡议国家的产业投资机遇；另一方面，从宏观层面把握政策着力点、实施效果，提高企业产业投资效益，降低对外投资风险。

本书将分十四章研究“一带一路”国家营商环境与产业投资：第一章阐述我国对响应“一带一路”倡议国家在政策方面给予的支持情况；第二章利用互联网数据，从产业投资分布情况、区域内的主要关注产业两方面分别对区域产业投资特点进行说明；第三章结合第二章结论对重点产业进行筛选，并对其细分产业的投资情况进行具体说明；第四章利用统计数据与互联网文本数据，构建营商指数，量化评估各国营商环境；第五章至第十四章，分区域阐述各国营商环境；最后为附录，包括正文部分用到的资料、原始数据、过程数据、政策文件等。

目　录

第一章　产业政策措施

“一带一路”倡议提出以来，各国纷纷向我国抛来橄榄枝，上至国家元首、总理、相关部门负责人，下至企业、项目负责人，都表现出参与“一带一路”倡议的意愿，希望通过进一步开展产业投资、合作达到互利共赢的目的。根据“中国‘一带一路’网”官方数据，截至2017年底，我国已经同86个国家和组织签署“一带一路”合作协议；截至2017年10月，我国已与106个国家和地区签订双边税收协定、安排和协议。本章根据“中国‘一带一路’网”相关互联网数据，分析各国及地区对“一带一路”倡议的产业政策支持情况。

第一节　参与进度分布

2017年以来，响应“一带一路”倡议的国家中，57.4%的国家或地区已经与中国签署了正式的合同或者协议，18.7%的国家或地区与中国签订框架协议，22.2%的国家或地区与中国签署合作备忘录，1.8%的国家或地区表示有参与的意愿（见图1-1）。

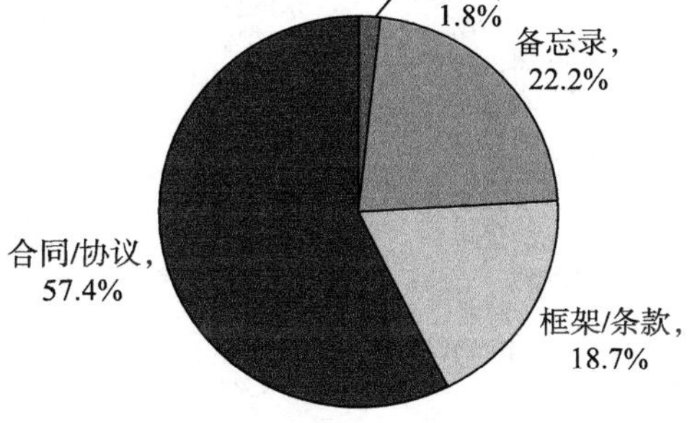

图1-1　响应“一带一路”倡议国家参与进度分布

如图 1-2 所示，在与中国签署"一带一路"相关项目合同或协议的国家中，俄罗斯与中国签署的项目最多，其次为哈萨克斯坦和巴基斯坦，印度、德国、英国、马来西亚、越南、泰国、新加坡等国也与中国签署了不少项目合同/协议。

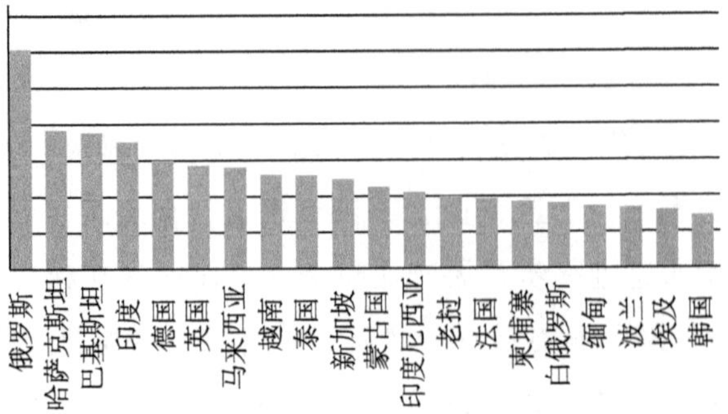

图 1-2　2017 年与中国签署"一带一路"合同/协议的主要国家

第二节　参与区域分布

参与"一带一路"倡议，取得项目落实、进展的国家中，东南亚国家最多，占比 16.9%；其次为独联体国家，占比 16.3%；南亚联盟及欧洲国家次之，分别占比 14.7%、14.0%；中东地区、中东欧、其他国家、非洲、美洲紧随其后（见图 1-3）。

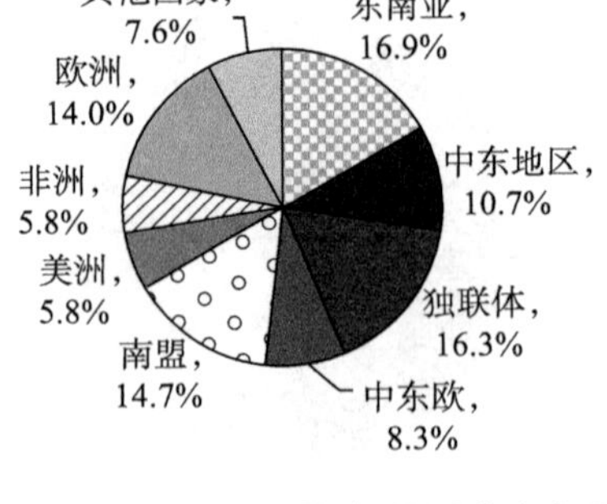

图 1-3　响应"一带一路"倡议国家参与区域分布

在参与“一带一路”倡议的东南亚国家中，项目落实排名靠前的国家依次为马来西亚、越南、泰国、新加坡、柬埔寨、老挝、印度尼西亚、缅甸、菲律宾等国家也较多，文莱、东帝汶两国较少（见图 1-4）。

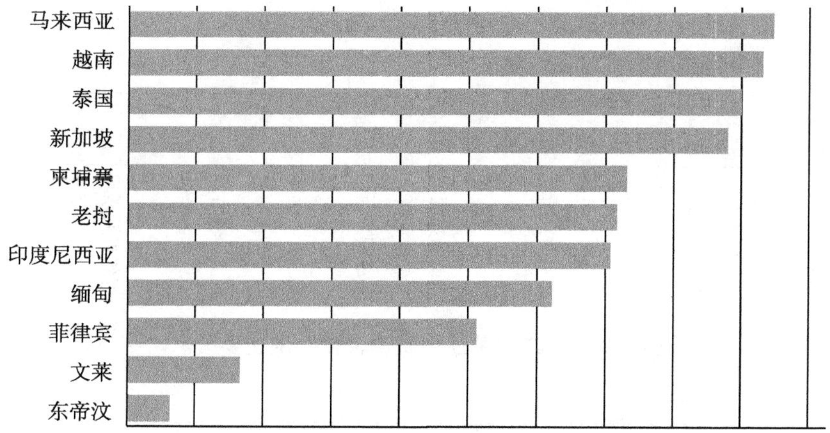

图 1-4　东南亚国家“一带一路”项目落地情况

第三节　政策聚焦产业

2017 年我国与各国关于“一带一路”建设的双边文件显示，响应“一带一路”倡议的国家较多关注双边的贸易合作、文化交流及基础设施建设，同时，也希望在旅游资源、能源、农业、科技创新、铁路建设、金融、医疗卫生方面与中国有较多合作。另外，它们在产业合作推广上比较热衷于重大合作项目、峰会、论坛、博览会、研讨会等多方参与、公开合作的形式。值得关注的是，在双边文件中，军事、武器、跨国犯罪等涉及国家安全、反恐事项也被多次提及，中国在国际舞台中的军事影响力也受到更多的关注，更多的国家或地区愿与中国一道建立国际和平发展环境，远离战乱纷争。

在聚焦产业中，对“贸易合作”关注较多的国家为印度、阿富汗、老挝、柬埔寨、叙利亚、伊朗、哈萨克斯坦、俄罗斯等国（见图 1-5）；对“基础设施”建设关注较多的国家为阿富汗、叙利亚、哈萨克斯坦、伊朗、乌兹别克斯坦等国（见图 1-6）。

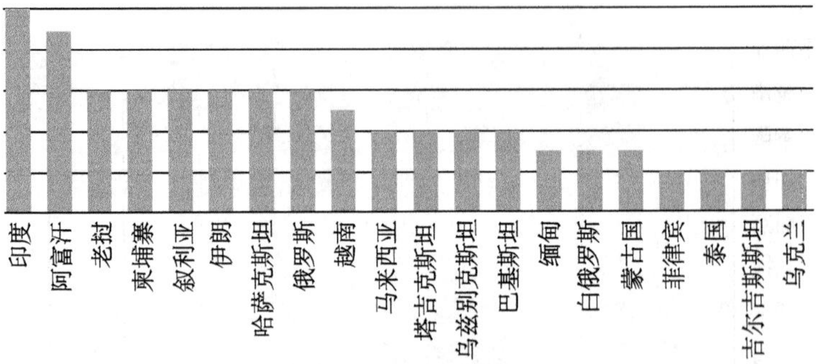

图 1-5　2017 年关注“贸易合作”的主要国家

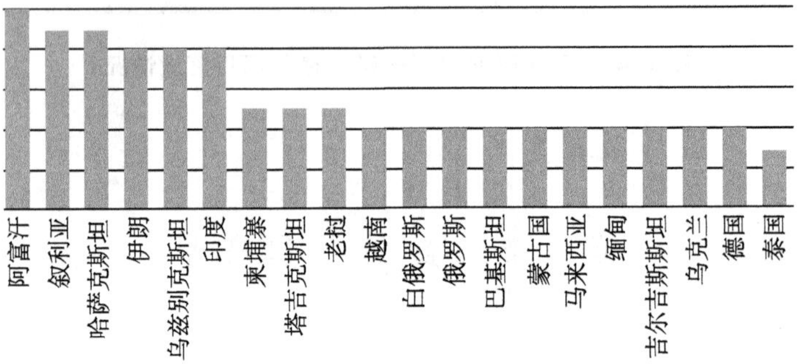

图 1-6　2017 年关注“基础设施”的主要国家

可以发现，这些国家多为与我国接壤国家，陆上贸易合作较容易展开，同时，有些国家常年处于战乱之中，经济、基础设施发展较为落后，对基础设施发展有较大需求。

第四节　政策支持形式

数据显示，“一带一路”政策文件中，通过重大项目合作、举办论坛/洽谈会成为“一带一路”合作推广的主要形式，分别占比 25.9%、25.8%，其次为通过经贸合作、区域经济贸易达成贸易往来，占比 20.3%，共建合作园、实验室、合作中心等平台占比 18.0%，政策给予优惠支持的形式占比 10.1%（见图 1-7）。

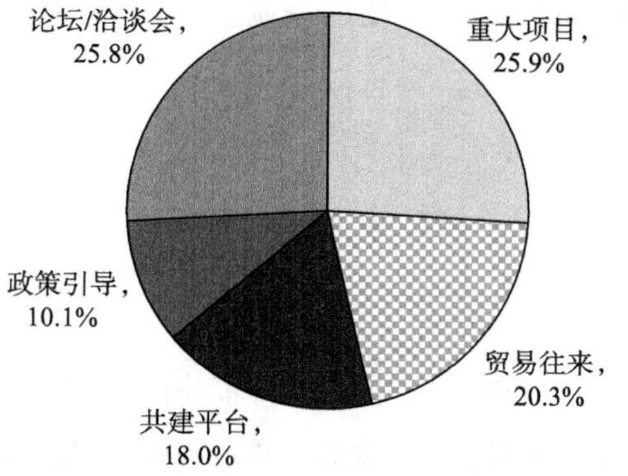

图 1-7　“一带一路”政策支持形式

其中，阿富汗、叙利亚、哈萨克斯坦、乌兹别克斯坦、印度、伊朗、俄罗斯、白俄罗斯等国通过重大项目展开合作较多（见图 1-8）。

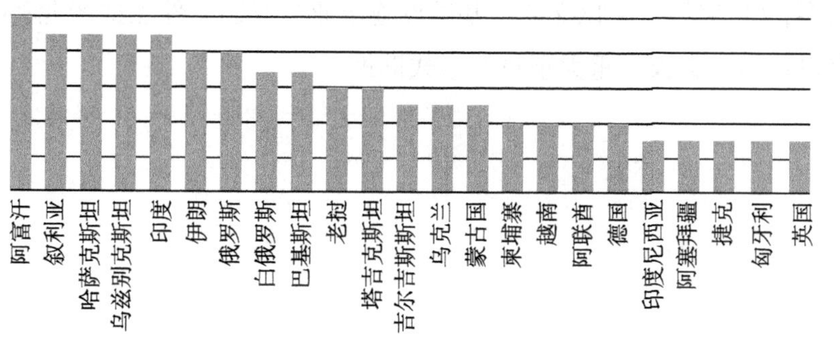

图 1-8　2017 年通过“重大项目”展开合作的主要国家

印度、叙利亚、哈萨克斯坦、俄罗斯、阿富汗、蒙古国、老挝、越南、伊朗等国通过举办论坛、开展洽谈会合作较多（见图 1-9）。

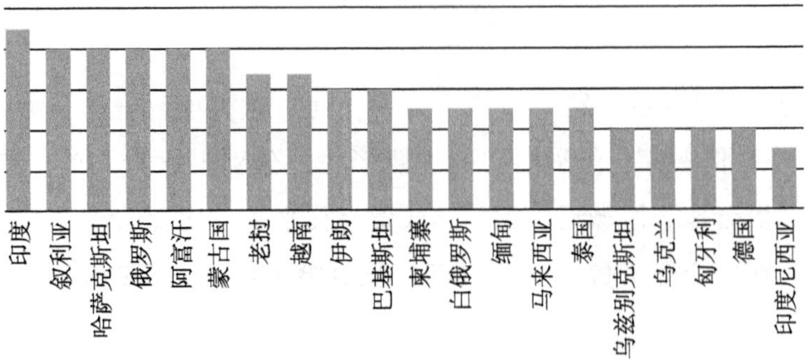

图 1-9　2017 年通过“论坛/洽谈会”展开合作的主要国家

第五节　小结

本章通过对政府官方网站（中国“一带一路”网、“一带一路”国际合作高峰论坛、外交部、商务部）、双边文件、互联网新闻数据进行采集，利用关键词、聚类分析方法，对“一带一路”的相关产业政策进行进度分布、区域分布、聚焦产业、支持形式分析，得到以下结论：① 2017 年，50%以上国家“一带一路”合作有具体项目推进；② 欧洲及东盟国家参与“一带一路”合作较多；③ 贸易、文化交流、基础设施产业为双边文件主推产业；④ 国际合作多以论坛、会议、重大项目等形式助推。

第二章 区域产业投资特点

响应“一带一路”倡议的国家跨越多个大洲，数量众多，各个国家的发展水平、开放程度、政治生态、地区特色各不相同，地区资源特点及产业基础都会影响产业投资效益，地区的资源禀赋越丰富，地区的产业基础结构体系越完善，产业投资的成功概率就会越高。为更有针对性地对各个国家进行产业投资研究，本章以区域、经济体为研究单位，地区资源禀赋特点及产业基础体系是本书研究产业投资的主要考虑因素。

本章以《2017 年国民经济行业分类》为依据，并结合相关政策推广文件，排除冷门及地域性较明显的产业，将产业体系划分为 16 个一级分类、110 个二级分类（见表 2-1），利用 867 个关键词对各产业进行定义。

表 2-1 “一带一路”产业体系

序号	一级分类	序号	二级分类
A01	农林牧渔	P01	农业
		P02	林业
		P03	畜牧业
		P04	渔业
		P05	农副食品
		P06	食品
		P07	酒、饮料、茶
		P08	烟草

续表

序号	一级分类	序号	二级分类
A02	能源领域	P09	采矿业
		P10	非金属矿物制品业
		P11	金属冶炼和压延加工业
		P12	金属制品业
		P13	石油加工、炼焦和核燃料加工业
		P14	电力、热力生产和供应业
		P15	燃气生产和供应业
		P16	水的生产和供应业
		P17	化学原料和化学制品制造业
		P18	化学纤维制造业
		P19	橡胶和塑料制品业
A03	建筑业	P20	房屋建筑业
		P21	土木工程建筑业
		P22	建筑安装业
		P23	建筑装饰和其他建筑业
A04	批发和零售业	P24	批发业
		P25	零售业
A05	交通运输领域	P26	铁路运输业
		P27	道路运输业
		P28	水上运输业
		P29	航空运输业
		P30	管道运输业
		P31	多式联运和运输代理业
		P32	装卸搬运和仓储业
		P33	邮政业
		P34	运输设备制造业
		P35	通用设备制造业

续表

序号	一级分类	序号	二级分类
A06	住宿和餐饮业	P36	住宿业
		P37	快餐服务
		P38	饮料及冷饮服务
		P39	餐饮配送
A07	通信领域	P40	电信、广播电视和卫星传输服务
		P41	互联网和相关服务
		P42	软件和信息技术服务业
		P43	专用设备制造业
		P44	计算机、通信和其他电子设备制造业
		P45	电气机械和器材制造业
		P46	仪器仪表制造业
A08	金融领域	P47	银行业
		P48	保险业
		P49	证券业
A09	房地产业	P50	房地产业
A10	租赁和商务服务业	P51	租赁业
		P52	组织管理服务
		P53	法律服务
		P54	咨询与调查
		P55	广告业
		P56	人力资源服务
		P57	安全保护服务
		P58	会议展览服务

续表

序号	一级分类	序号	二级分类
A11	科学技术服务	P59	研究和试验发展
		P60	气象服务
		P61	地震服务
		P62	海洋服务
		P63	测绘服务
		P64	质检技术服务
		P65	环境监测服务
		P66	地质勘查服务
		P67	工程技术服务
		P68	工业设计服务
		P69	科技推广和应用服务业
A12	公共设施管理	P70	水利管理业
		P71	生态保护和环境治理业
A13	居民服务	P72	家庭服务
		P73	托儿所服务
		P74	洗染服务
		P75	理发及美容服务
		P76	洗浴服务
		P77	摄影扩印服务
		P78	婚姻服务
		P79	殡葬服务
		P80	日用产品修理业
		P81	电器设备修理业
		P82	废弃资源综合利用
		P83	纺织业
		P84	服饰业
		P85	制鞋
		P86	家具制造业
		P87	草制品
		P88	竹制品

续表

序号	一级分类	序号	二级分类
A14	文化教育	P89	学前教育
		P90	初等教育
		P91	中等教育
		P92	高等教育
		P93	特殊教育
		P94	技能培训
		P95	教育辅助
		P96	印刷和记录媒介复制业
		P97	文教、工美、体育和娱乐用品制造业
		P98	造纸和纸制品业
A15	医疗卫生	P99	医院
		P100	基层医疗卫生服务
		P101	专业医疗服务机构
		P102	采供血机构服务
		P103	其他卫生活动
		P104	社会工作
		P105	医药制造业
A16	体育娱乐	P106	新闻和出版业
		P107	录音制作业
		P108	文化艺术业
		P109	体育
		P110	娱乐业

响应“一带一路”倡议的国家地域性及发展程度不同，故各国的产业投资情况也各有特点，因此，本章将根据区域分类，从两个维度分别阐述各区域产业投资的特点：

第一，区域各产业的分布情况。本部分根据产业投资体系中所涉及的产业，利用867个关键词给“一带一路”产业投资数据库数据加上产业标签，根据标签，对各产业的投资数据进行对比分析。

第二，区域产业投资的重点产业分析。本部分将结合第一部分的结论，计算产业分布比例数据与各产业的平均水平之比，构造区域各产业投资指数，用来衡量该产业在本区域的投资情况。如果产业投资指数大于 1，说明该产业在该区域的投资水平较高；若产业投资指数小于 1，说明该产业在该区域的投资水平较低。

最后，进行各区域之间的比较分析，归纳、总结区域产业投资特点。

第一节 东南亚国家

一、产业投资分布

在东南亚国家，对体育娱乐、文化教育、农林牧渔等产业的关注较多，占比分别为 14.4%、13.6%、11.5%；通信领域、租赁和商务服务业、住宿和餐饮业、建筑业、交通运输领域、科学技术服务投资占比分别为 8.7%、8.4%、7.3%、7.0%、6.4%、6.0%；对居民服务、金融领域、医疗卫生、能源领域、批发和零售业、房地产业、公共设施管理关注较少（见图 2-1）。

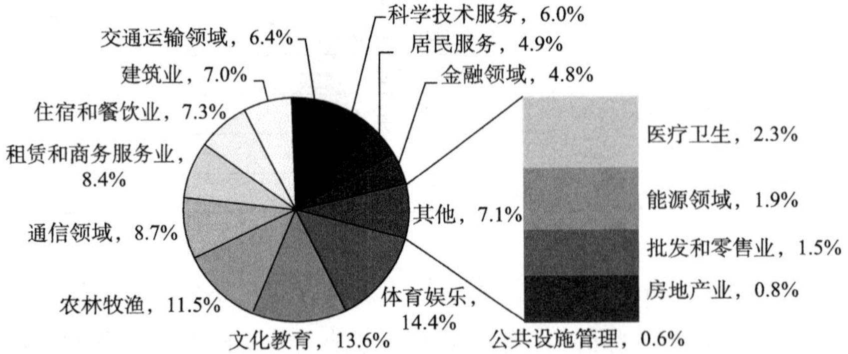

图 2-1 2017 年“一带一路”产业投资东南亚国家关注产业

二、产业投资指数

数据显示，对东南亚国家产业投资主要关注批发和零售业及住宿和餐饮业，投资指数均为 1.3，高出平均水平 30%；对通信领域、交通运输领域、金融领域、文化教育等产业也有较多关注；对公共设施管理产业的投资关注较少，投资指数仅为 0.7（见图 2-2）。

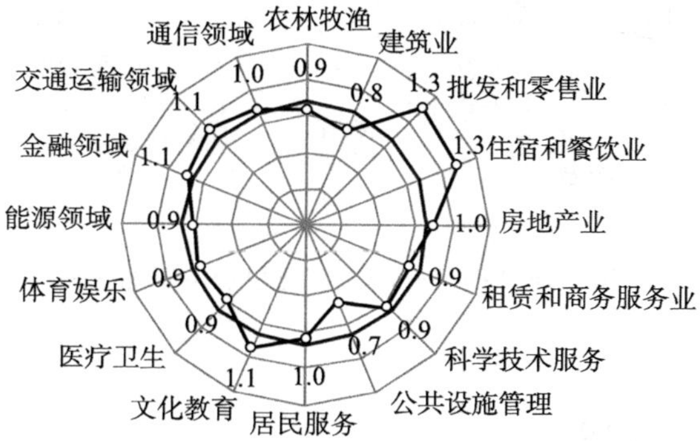

图 2-2　东南亚国家产业投资指数

第二节　中东地区

一、产业投资分布

在中东地区，对文化教育、体育娱乐、农林牧渔等产业有较多关注，占比分别为 17.5%、15.1%、11.5%；通信领域、租赁和商务服务业、建筑业、科学技术服务、居民服务、交通运输领域投资占比分别为 9.0%、8.2%、6.3%、6.3%、5.5%、5.4%；对住宿和餐饮业、金融领域、医疗卫生、能源领域、批发和零售业、房地产业、公共设施管理关注较少（见图 2-3）。

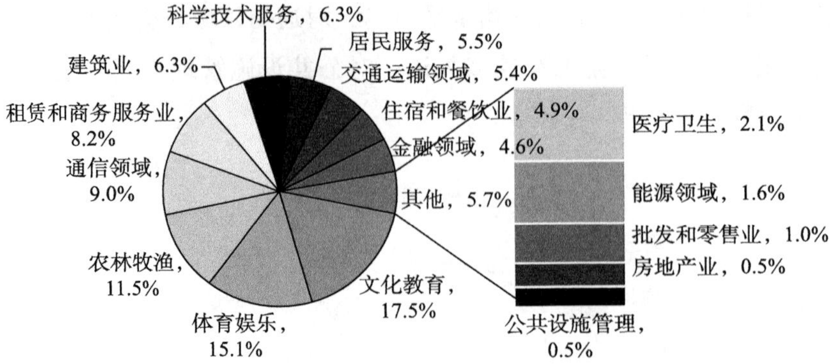

图 2-3　2017 年“一带一路”产业投资中东地区关注产业

二、产业投资指数

数据显示，对中东地区产业投资主要关注文化教育及居民服务，投资指数分别为 1.6、1.2，文化教育高出平均水平 60%；对通信领域、金融领域、体育娱乐、科学技术服务等产业也有较多关注；对公共设施管理、房地产业的投资关注较少，投资指数分别仅为 0.7（见图 2-4）。

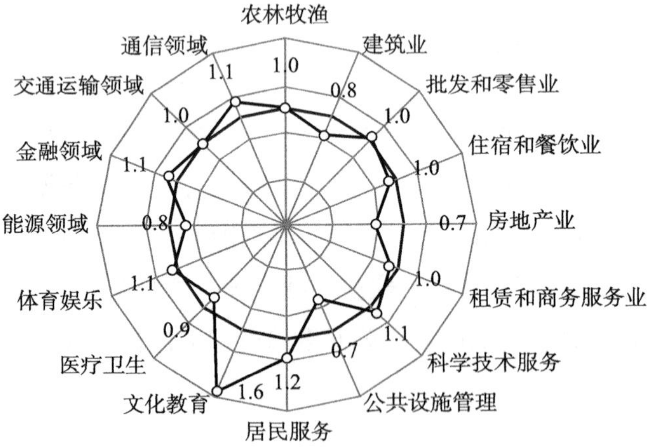

图 2-4　中东地区产业投资指数

第三节　中亚地区

一、产业投资分布

在中亚地区，对体育娱乐、文化教育、农林牧渔等产业有较多关注，占比分别为15.4%、14.2%、11.7%；对租赁和商务服务业、建筑业、交通运输领域、通信领域、住宿和餐饮业、科学技术服务、居民服务等产业也有较多关注，占比分别为9.1%、7.6%、7.0%、6.9%、6.6%、5.3%、5.0%；对金融领域、能源领域、医疗卫生、批发和零售业、公共设施管理等产业关注较少（见图2-5）。

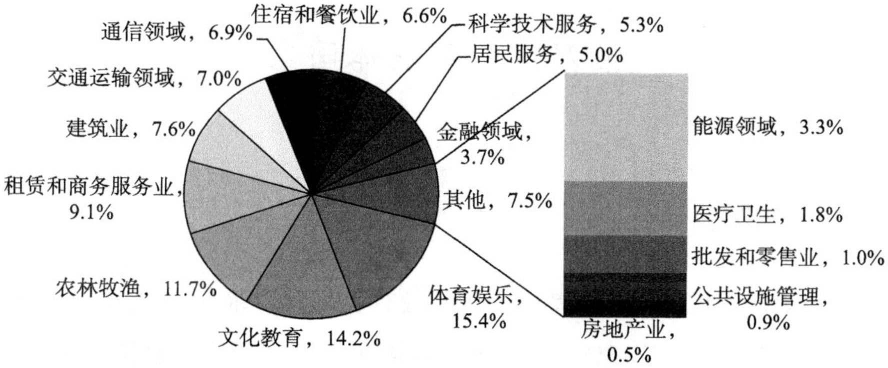

图2-5　2017年“一带一路”产业投资中亚地区关注产业

二、产业投资指数

数据显示，对中亚地区国家产业投资主要关注能源领域，投资指数为1.6，高出平均水平60%；对交通运输领域、文化教育、公共设施管理、住宿和餐饮业等产业也有较多关注；对房地产业、医疗卫生产业的投资关注较少，投资指数分别为0.6、0.7（见图2-6）。

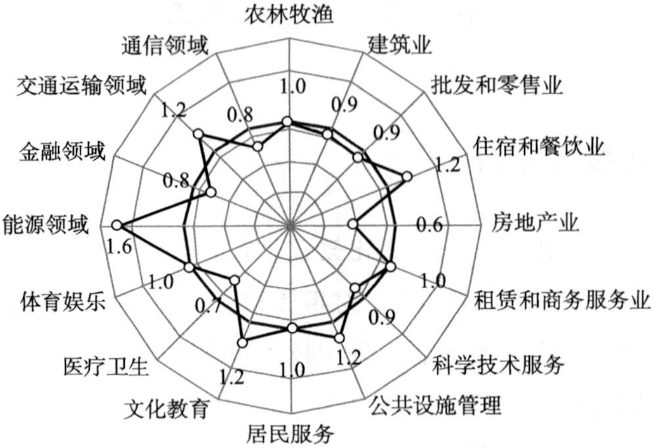

图2-6　中亚地区产业投资指数

第四节　独联体国家

一、产业投资分布

在独联体国家，对体育娱乐、文化教育、农林牧渔等产业有较多关注，占比分别为15.2%、14.3%、12.6%；租赁和商务服务业、通信领域、建筑业、科学技术服务、交通运输领域、住宿和餐饮业投资占比分别为8.7%、8.6%、6.7%、6.3%、6.3%、6.0%；对居民服务、金融领域、能源领域、医疗卫生、批发和零售业、公共设施管理、房地产业关注较少（见图2-7）。

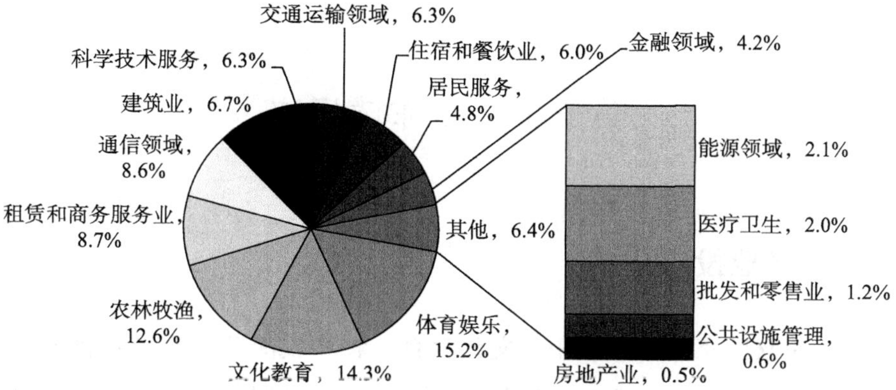

图 2-7 2017 年“一带一路”产业投资独联体国家关注产业

二、产业投资指数

数据显示，对独联体国家产业投资主要关注文化教育，投资指数为 1.2；对通信领域、交通运输领域、能源领域、科学技术服务、住宿和餐饮业、批发和零售业、农林牧渔等产业也有较多关注；对房地产业的投资关注较少，投资指数仅为 0.6。相对来说，独联体国家各产业的产业投资特征不明显，各产业投资相对均衡（见图 2-8）。

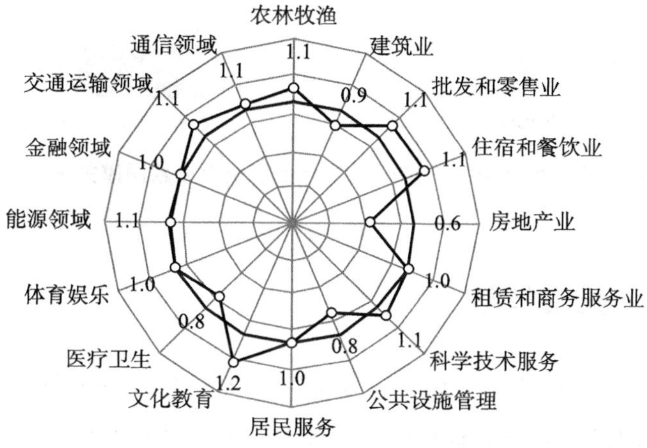

图 2-8 独联体国家产业投资指数

第五节　中东欧国家

一、产业投资分布

在中东欧国家，体育娱乐、文化教育、农林牧渔等产业受到较多关注，占比分别为15.8%、15.2%、12.3%；对租赁和商务服务业、通信领域、住宿和餐饮业、建筑业、交通运输领域、科学技术服务、居民服务也有较多关注，占比分别为8.4%、7.5%、7.0%、6.5%、6.2%、5.8%、5.3%；对金融领域、能源领域、医疗卫生、批发和零售业、公共设施管理、房地产业关注较少（见图2-9）。

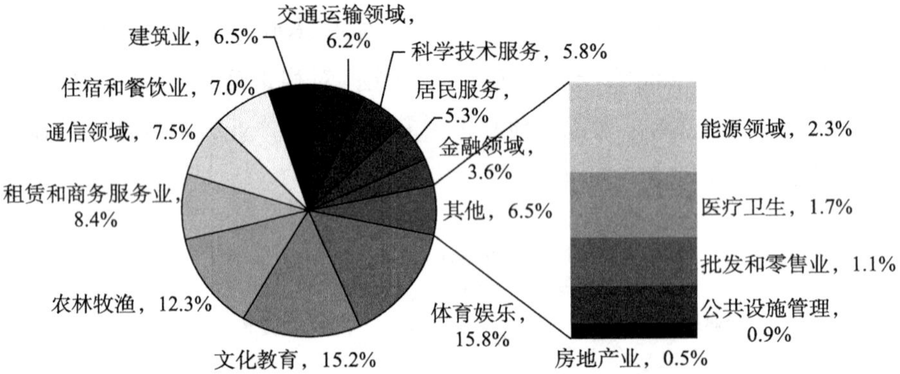

图2-9　2017年“一带一路”产业投资中东欧国家关注产业

二、产业投资指数

数据显示，对中东欧国家产业投资主要关注住宿和餐饮业及文化教育，投资指数均为1.3；对交通运输领域、能源领域、体育娱乐、居民服务、农林牧渔等产业也有较多关注；对房地产业、医疗卫生产业的投资关注较少，投资指数分别为0.6、0.7（见图2-10）。

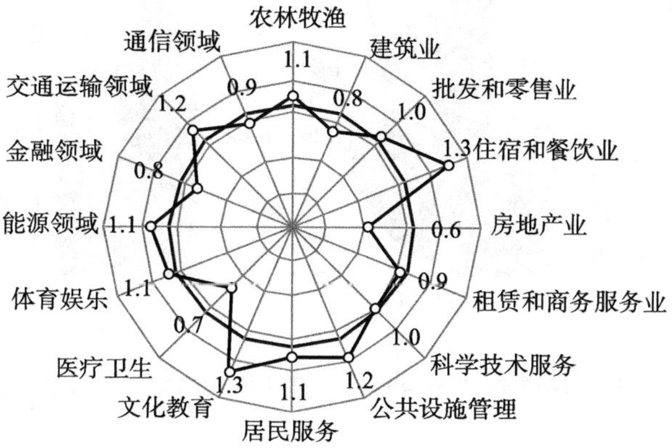

图2-10　中东欧国家产业投资指数

第六节　南盟国家

一、产业投资分布

在南盟国家，对文化教育、体育娱乐、农林牧渔等产业关注较多，占比分别为14.4%、13.7%、12.4%；对通信领域、租赁和商务服务业、建筑业、交通运输领域、科学技术服务、住宿和餐饮业、居民服务也有较多关注，占比分别为8.8%、8.4%、7.6%、6.2%、6.2%、5.9%、5.1%；对金融领域、医疗卫生、能源领域、批发和零售业、公共设施管理、房地产业关注较少（见图2-11）。

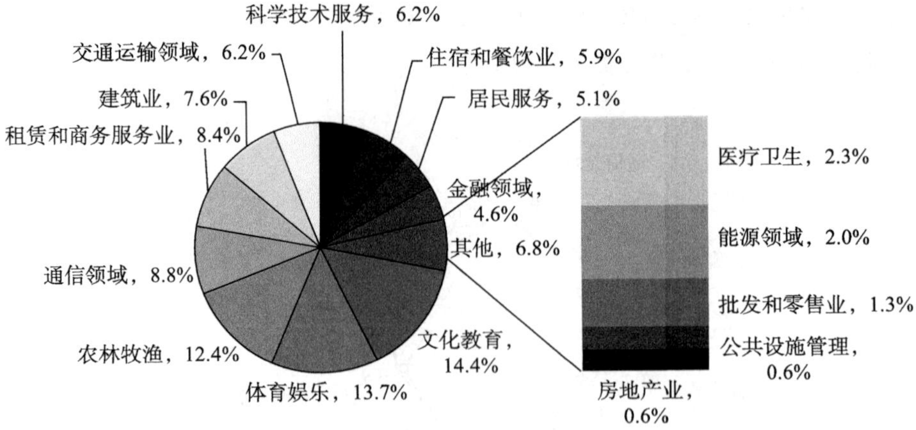

图 2-11　2017 年“一带一路”产业投资南盟国家关注产业

二、产业投资指数

数据显示，对南盟国家产业投资主要关注批发和零售业及文化教育产业，投资指数均为 1.2，高出平均水平 20%；对交通运输领域、住宿和餐饮业也有较多关注；对房地产业、公共设施管理的投资关注较少，投资指数分别为 0.7、0.8。相对来说，在南盟国家，各产业的产业投资特征不明显，各产业投资相对均衡（见图 2-12）。

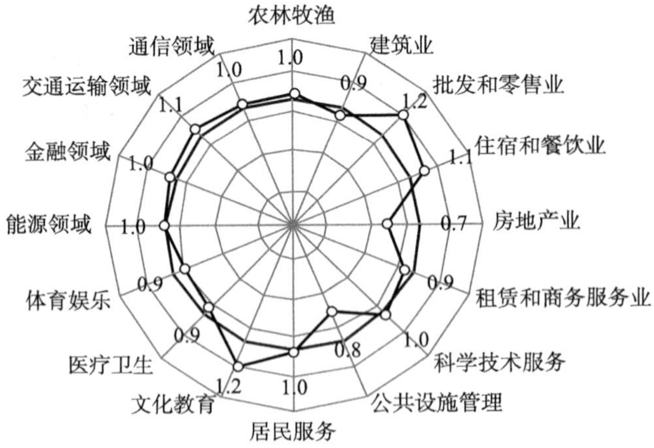

图 2-12　南盟国家产业投资指数

第七节　美洲地区

一、产业投资分布

在美洲地区，文化教育、体育娱乐、农林牧渔等产业受到较多关注，占比分别为15.5%、14.1%、12.5%；对通信领域、租赁和商务服务业、科学技术服务、建筑业、交通运输领域、金融领域、住宿和餐饮业、居民服务也有较多关注，占比分别为9.2%、8.4%、6.1%、6.0%、5.9%、5.4%、5.2%、5.1%；对医疗卫生、能源领域、批发和零售业、房地产业、公共设施管理关注较少（见图2-13）。

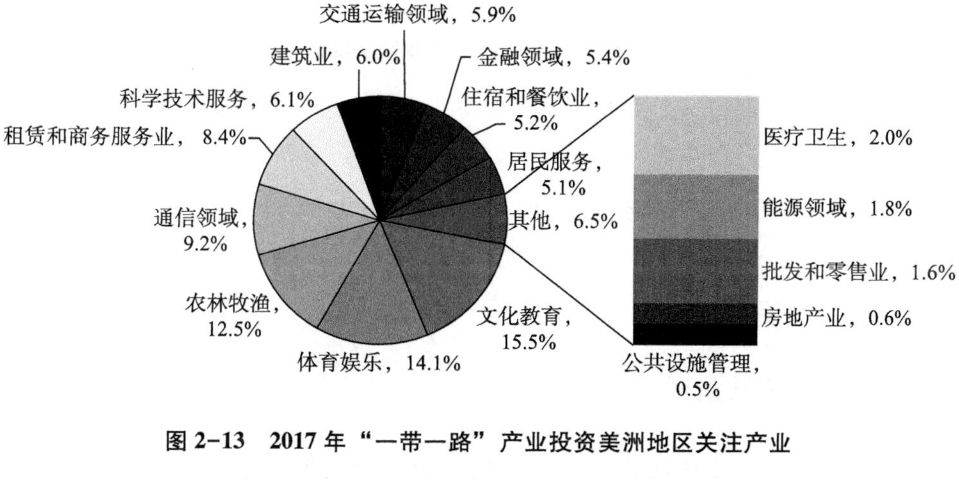

图2-13　2017年"一带一路"产业投资美洲地区关注产业

二、产业投资指数

数据显示，对美洲地区产业投资主要关注批发和零售业及文化教育产业，投资指数分别为1.5、1.3，高出平均水平30%以上；对农林牧渔、通信领域、交通运输领域、金融领域也有较多关注；对房地产业、建筑业、公共设施管理的投资关注较少，投资指数均为 0.7。美洲地区各产业的产业投资特征明显，各产业投资均衡性较差（见图 2-14）。

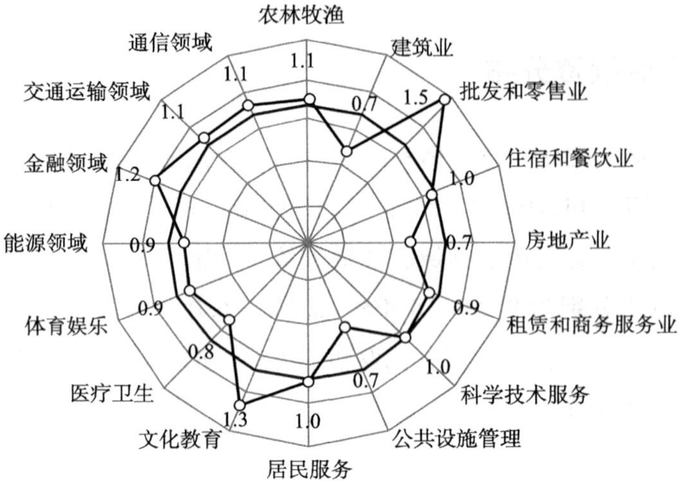

图 2-14　美洲地区产业投资指数

第八节　非洲地区

一、产业投资分布

在非洲地区，文化教育、体育娱乐、农林牧渔等产业受到较多关注，占比分别为 14.7%、14.6%、11.7%；对租赁和商务服务业、通信领域、建筑业、交通运输领域、住宿和餐饮业、科学技术服务也有较多关注，占比分别为 9.4%、7.9%、7.8%、6.2%、6.0%、5.8%；对居民服务、金融领域、医疗卫生、能源领域、批发和零售业、公共设施管理、房地产业关注较少（见图 2-15）。

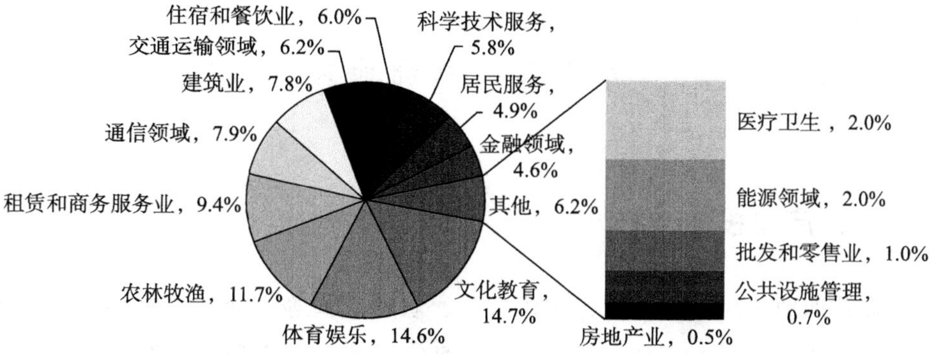

图 2-15　2017 年"一带一路"产业投资非洲地区关注产业

二、产业投资指数

数据显示，对非洲地区产业投资主要关注文化教育产业，投资指数为 1.3，高出平均水平 30%；对交通运输领域、金融领域、租赁和商务服务业、住宿和餐饮业也有较多关注；对房地产业的投资关注较少，投资指数仅为 0.7。相对来说，非洲地区各产业的产业投资特征不明显，各产业投资相对均衡（见图 2-16）。

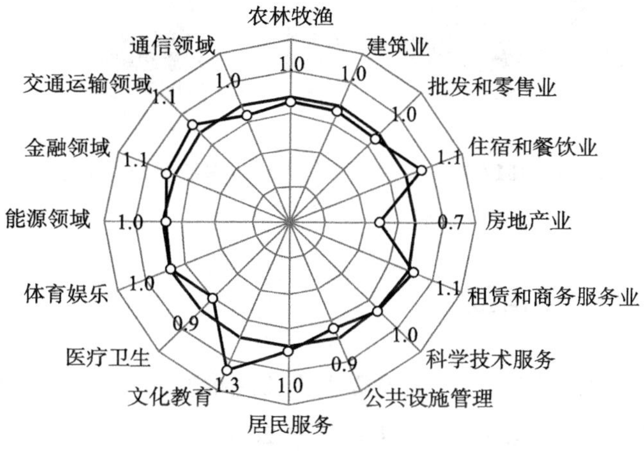

图 2-16　非洲地区产业投资指数

第九节　欧洲地区

一、产业投资分布

在欧洲地区，体育娱乐、文化教育、农林牧渔等产业受到较多关注，占比分别为13.5%、13.1%、12.9%；对通信领域、租赁和商务服务业、建筑业、科学技术服务、交通运输领域、住宿和餐饮业、金融领域、居民服务也有较多关注，占比分别为9.0%、8.2%、7.4%、6.6%、5.8%、5.6%、5.5%、5.3%；对医疗卫生、能源领域、批发和零售业、房地产业、公共设施管理关注较少（见图2-17）。

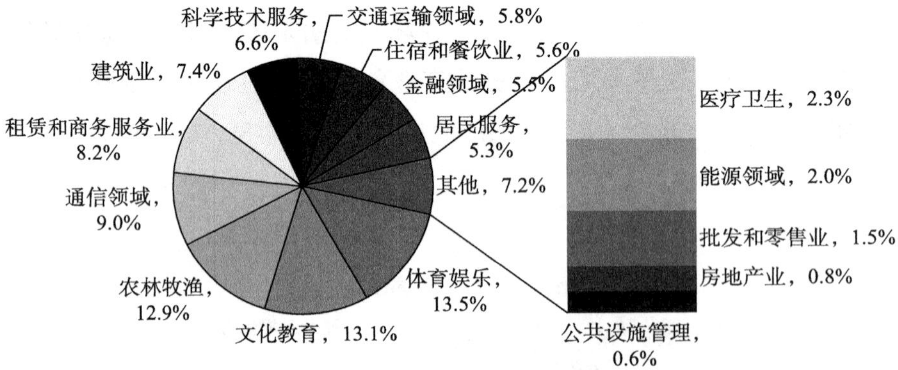

图2-17　2017年“一带一路”产业投资欧洲地区关注产业

二、产业投资指数

数据显示，对欧洲地区产业投资主要关注批发和零售业及金融领域产业，投资指数分别为1.3、1.2，高出平均水平20%以上；对农林牧渔、文化教育、科学技术服务也有较多关注；对公共设施管理的投资关注较少，投资指数仅为0.7。相对来说，欧洲地区各产业的产业投资特征不明显，各产业投资相对均衡（见图2-18）。

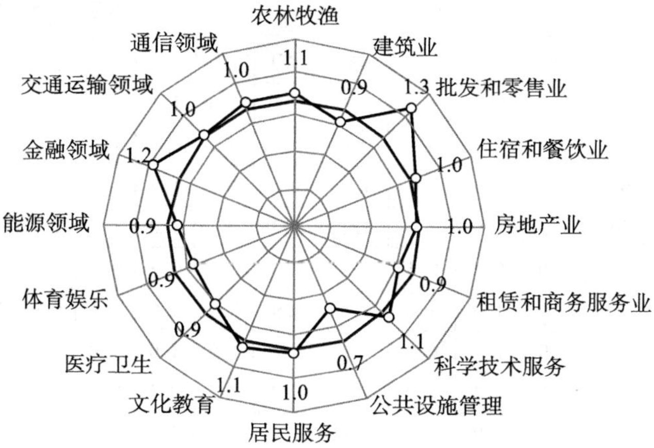

图2-18　欧洲地区产业投资指数

第十节　小结

本章研究对象选择公开表示有参与“一带一路”倡议意愿，并在截稿日期内依然与我国维持正常外交关系的100个国家或地区。在此基础上，以《2017年国民经济行业分类》为标准，构建产业投资研究体系，通过对2017年互联网新闻数据产业投资标签数据分别进行产业投资区域分布特征描述分析及投资水平比较分析，综合各区域的产业投资水平数据（见表2-2），得出以下结论：

一、各区域产业投资指数

产业投资主要集中在文化教育、贸易、旅游、交通运输等领域，见表2-2。

表 2-2　各区域产业投资指数

	东南亚国家	中东地区	中亚地区	独联体国家	中东欧国家	南盟国家	美洲地区	非洲地区	欧洲地区	其他国家	合计	排名
农林牧渔	0.9	1.0	1.0	1.1	1.1	1.0	1.1	1.0	1.1	1.1	10.3	
建筑业	0.8	0.8	0.9	0.9	0.8	0.9	0.7	1.0	0.9	0.8	8.7	
批发和零售业（贸易）	1.3	1.0	0.9	1.1	1.0	1.2	1.5	1.0	1.3	1.4	11.7	2
住宿和餐饮业（旅游）	1.3	1.0	1.2	1.1	1.3	1.1	1.0	1.1	1.0	1.3	11.4	3
房地产业	1.0	0.7	0.6	0.6	0.6	0.7	0.7	0.7	1.0	0.8	7.5	
租赁和商务服务业	0.9	1.0	1.0	1.0	0.9	0.9	0.9	1.1	0.9	0.9	9.6	
科学技术服务	0.9	1.1	0.9	1.1	1.0	1.0	1.0	1.0	1.1	1.0	10.0	
公共设施管理	0.7	0.7	1.2	0.8	1.2	0.8	0.7	0.9	0.7	1.0	8.6	
居民服务	1.0	1.2	1.0	1.0	1.1	1.0	1.0	1.0	1.0	0.9	10.2	
文化教育	1.1	1.6	1.2	1.2	1.3	1.2	1.3	1.3	1.1	1.0	12.3	1
医疗卫生	0.9	0.9	0.7	0.8	0.7	0.9	0.8	0.9	0.9	1.0	8.6	
体育娱乐	0.9	1.1	1.0	1.0	1.1	0.9	0.9	1.0	0.9	1.0	9.8	
能源领域	0.9	0.8	1.6	1.1	1.1	1.0	0.9	1.0	0.9	0.9	10.3	
金融领域	1.1	1.1	0.8	1.0	0.8	1.0	1.2	1.1	1.2	1.0	10.2	
交通运输领域	1.1	1.0	1.2	1.1	1.1	1.1	1.1	1.1	1.0	1.0	10.8	4
通信领域	1.0	1.1	0.8	1.1	0.9	1.0	1.1	1.0	1.0	1.1	10.2	

二、产业投资区域特征

产业投资区域特征较为明显，具体表现为：

中亚地区的能源领域产业投资指数最高，为 1.6，但能源领域整体投资指数没有进入前 4，并不高，能源产业投资集中在少数国家。

中东地区的文化教育产业投资指数最高，为 1.6。出于历史现实原因，对中东地区投资的前提是对该地区的了解，文化交流、种族和宗教现状是进入中东地区之前的必要准备知识。

东南亚国家的批发和零售业、住宿和餐饮业的产业投资指数较高，对东南亚国家的投资主要集中在贸易及旅游产业。

美洲地区的批发和零售业产业投资指数最高，对美洲地区的投资主要集中在贸易方面。

三、房地产业投资指数

房地产业在所有产业中投资指数最低，这与国务院发布《关于进一步引导和规范境外投资方向的意见》中限制对房地产业的投资不无关系。

第三章　重点产业投资特点

第二章分析了各区域产业投资的特点，本章将进一步对重点产业进行更加深入的分析。在产业选择方面，综合考虑第二章结论及我国产业结构现状、结构升级需求，同时以国际产能合作、优势互补、互利互惠为原则，选择产业投资规模、关注度、意愿较高的产业进行研究，未来可根据国际产能合作发展趋势，补充研究其他产业。

本章将分两步分析重点产业的投资特点：第一步，分析各重点产业的投资意向，用产业投资指数表示，并对各指数水平的国家进行分类：

第Ⅰ类国家：投资指数大于1的国家，表示这些国家的该产业投资意向较高，投资者对该国家的该项产业有较大的兴趣。

第Ⅱ类国家：投资指数大于0.5小于1的国家，表示这些国家的该产业投资意向处于中等水平，投资者对该国家的该项产业兴趣居中。

第Ⅲ类国家：投资指数小于0.5的国家，表示这些国家的该产业投资意向比较低，投资者对该国家的该项产业兴趣较小。

第二步，对每类国家所占有的份额进行统计分析，重点描述分析第Ⅰ类国家的产业投资意向状况。

本章结尾将对各产业投资特点进行归纳、总结性分析，根据各产业投资特点，得出响应“一带一路”倡议国家的重点产业投资特点。

第一节　能源领域投资分析

数据显示，能源领域的产业投资主要是资源勘探开发和电力产业，分别占比31.9%和35.3%，资源深加工产业占比3.7%，其他能源产业占比29.0%（见图3-1）。

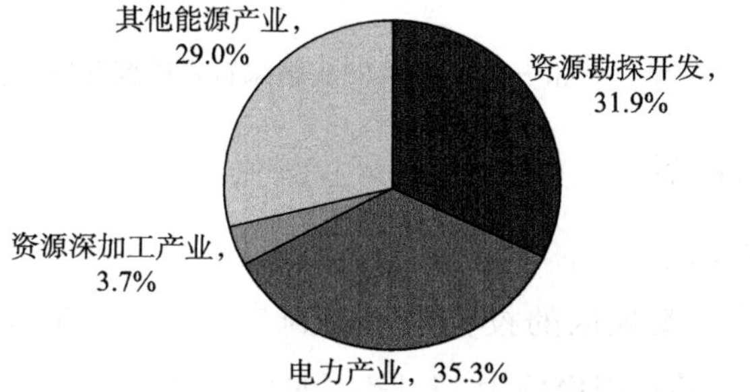

图3-1　2017年"一带一路"倡议响应国家能源领域产业投资意向分布

一、资源勘探开发

数据显示，能源资源勘探开发方面，首先新能源建设最多，占比为36.8%；其次为石油勘探开发建设，占比25.6%，煤炭及天然气资源建设占比分别为14.9%、13.8%；最后为矿产资源，占比8.8%（见图3-2）。

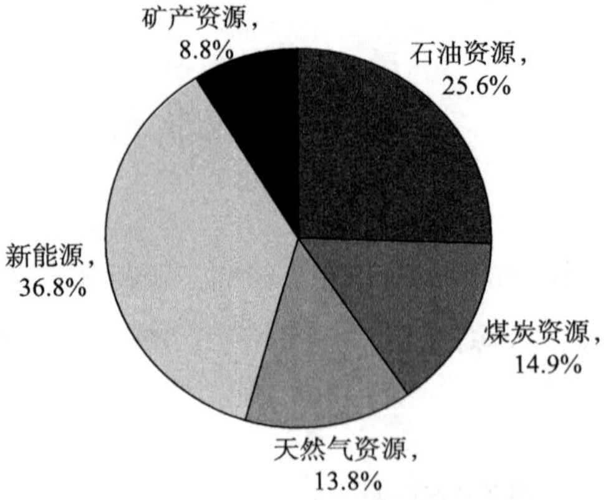

图 3-2　2017 年“一带一路”倡议响应国家资源勘探开发投资意向分布

（一）石油资源

在石油资源建设方面，Ⅰ类地区占 30.0%，Ⅱ类地区占 20.0%，Ⅲ类地区占 50.0%，且Ⅰ类地区的投资份额达到 71.5%，Ⅱ类地区的投资份额为 14.4%，Ⅲ类地区的投资份额为 14.1%（见图 3-3）。

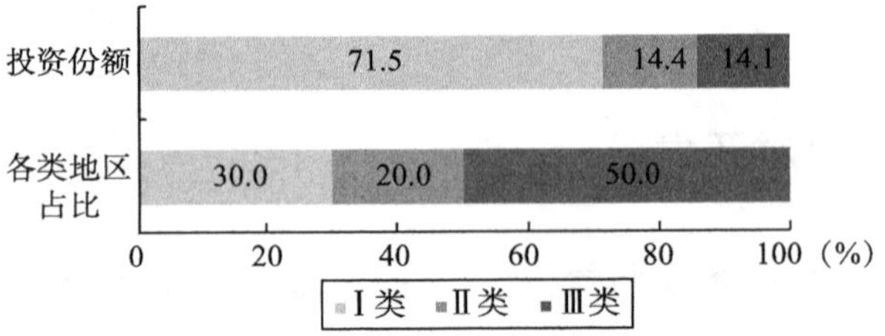

图 3-3　石油资源投资分布

在Ⅰ类地区的 30 个国家中，投资指数大于 2 的国家有 11 个，对俄罗斯、英国、德国、印度、伊朗、法国、韩国、新加坡、沙特阿拉伯等国的石油资源建设投资显著高于其他国家（见图 3-4）。

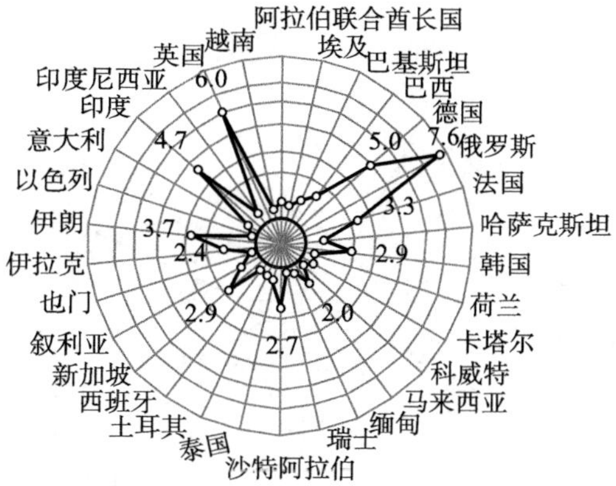

图 3-4　2017 年"一带一路"石油资源投资 I 类地区

（二）天然气资源

在天然气设施投资方面，Ⅰ类地区国家占 30.0%，Ⅱ类地区国家占 25.0%，Ⅲ类地区国家占 45.0%，且Ⅰ类地区国家的投资份额达到 68.4%，Ⅱ类地区国家的投资份额为 18.6%，Ⅲ类地区国家的投资份额仅为 13.0%（见图 3-5）。

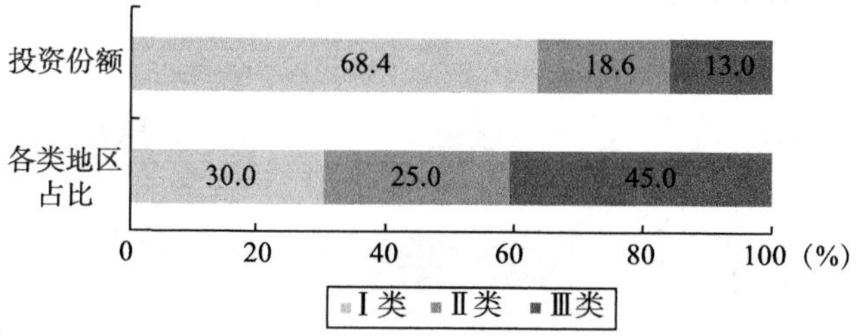

图 3-5　天然气资源投资分布

在Ⅰ类地区的 30 个国家中，投资指数大于 2 的国家有 13 个，对俄罗斯、英国、德国、印度、伊朗、韩国、法国、新加坡、埃及、缅甸、阿拉伯联合酋长国、哈萨克斯坦、卡塔尔等国的天然气设施投资显著高于其他国家（见图 3-6）。

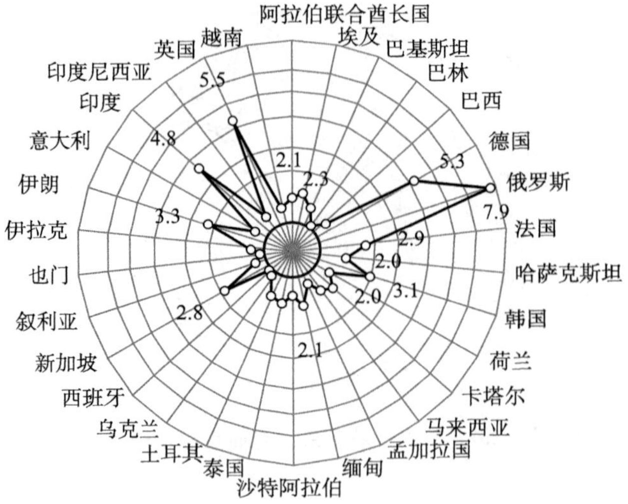

图 3-6　2017 年“一带一路”天然气资源投资 I 类地区国家

（三）煤炭资源

在煤炭设施投资方面，Ⅰ类地区占 24.0%，Ⅱ类地区占 20.0%，Ⅲ类地区占 56.0%，且Ⅰ类国家的投资份额达到 69.5%，Ⅱ类国家的投资份额为 14.1%，Ⅲ类国家的投资份额为 16.4%（见图 3-7）。

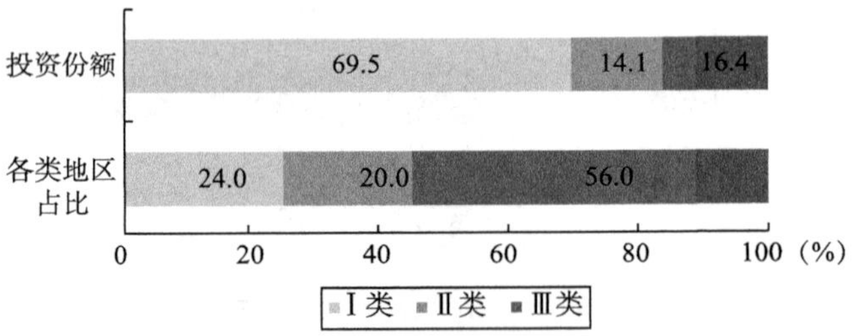

图 3-7　煤炭资源投资分布

在Ⅰ类地区的 24 个国家中，投资指数大于 2 的国家有 15 个，对俄罗斯、英国、德国、印度、韩国、新加坡、法国、越南、巴西、巴基斯坦、马来西亚、印度尼西亚、哈萨克斯坦、泰国、意大利等国的煤炭设施投资显著高于其他国家（见图 3-8）。

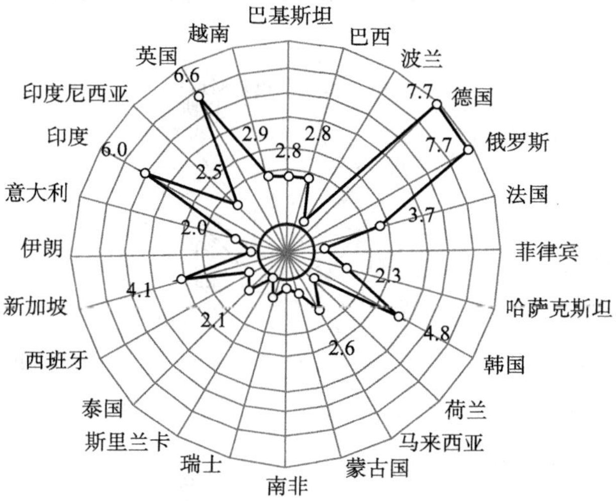

图 3-8　2017 年“一带一路”煤炭投资 I 类国家

（四）新能源

在新能源投资方面，Ⅰ类地区占 27.0%，Ⅱ类地区占 22.0%，Ⅲ类地区占 51.0%，且Ⅰ类国家的投资份额达到 67.4%，Ⅱ类国家的投资份额为 16.5%，Ⅲ类国家的投资份额仅为 16.1%（见图 3-9）。

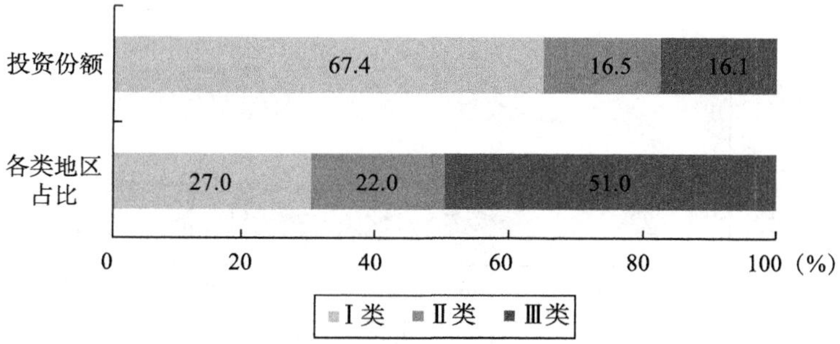

图 3-9　新能源投资分布

在Ⅰ类地区的 27 个国家中，投资指数大于 2 的国家有 14 个，对德国、英国、俄罗斯、法国、印度、韩国、新加坡、泰国、意大利、马来西亚、巴基斯坦、巴西、越南、荷兰等国的新能源投资显著高于其他国家（见图 3-10）。

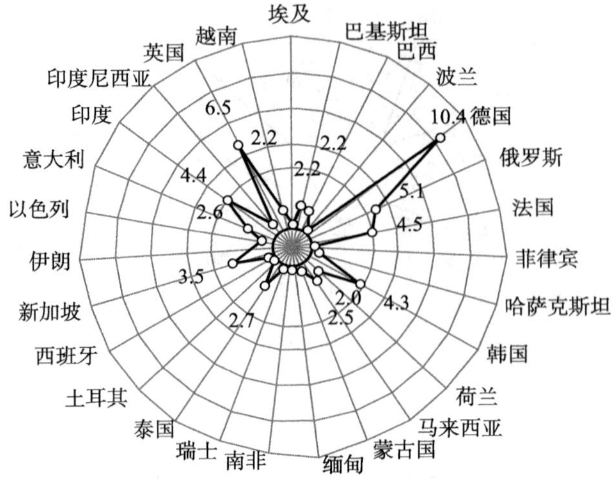

图 3-10　2017 年“一带一路”新能源投资 I 类国家

（五）矿产资源

在矿产资源投资方面，Ⅰ类地区占 34.0%，Ⅱ类地区占 21.0%，Ⅲ类地区占 45.0%，且Ⅰ类国家的投资份额达到 74.5%，Ⅱ类国家的投资份额为 15.2%，Ⅲ类国家的投资份额仅为 10.3%（见图 3-11）。

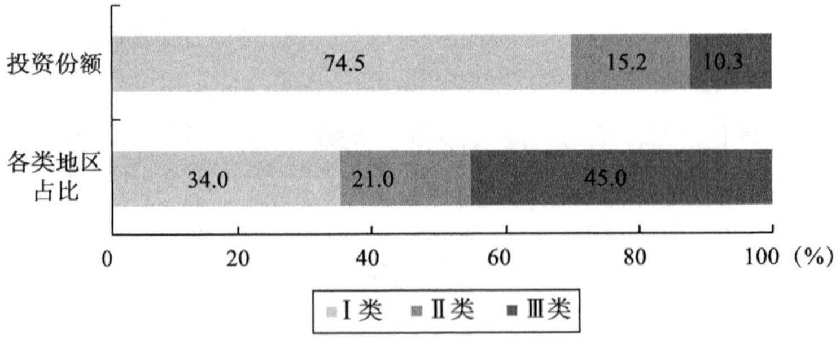

图 3-11　矿产资源投资分布

在Ⅰ类地区的 34 个国家中，投资指数大于 2 的国家有 17 个，对俄罗斯、英国、印度、德国、新加坡、法国、巴西、韩国、蒙古国、印度尼西亚、南非等国的矿产资源投资显著高于其他国家（见图 3-12）。

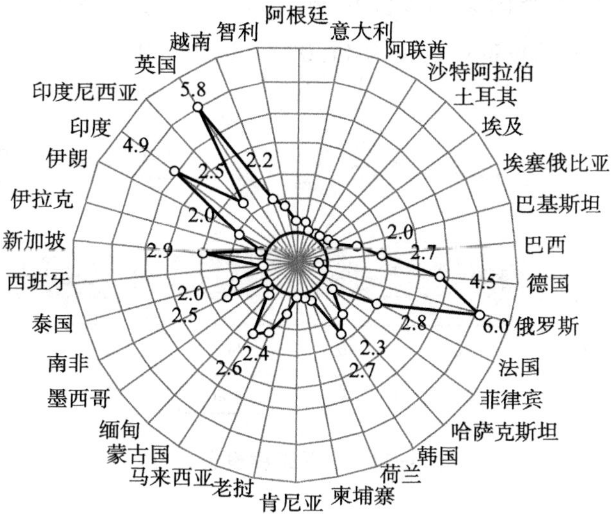

图 3-12　2017 年"一带一路"矿产资源投资 I 类国家

二、电力产业

2017 年，在电力产业投资方面，电源工程占比 29.4%，电网工程占比 70.6%（见图 3-13）。

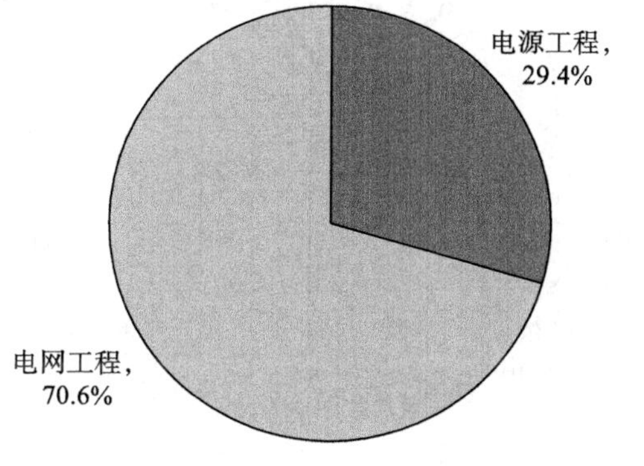

图 3-13　2017 年"一带一路"电力产业投资分布

（一）电源工程

在电源工程投资方面，Ⅰ类地区占 31.0%，Ⅱ类地区占 19.0%，Ⅲ类地区占 50.0%，且Ⅰ类国家的投资份额达到 76.2%，Ⅱ类国家的投资份额为 12.8%，Ⅲ类国家的投资份额仅为 11.0%（见图 3-14）。

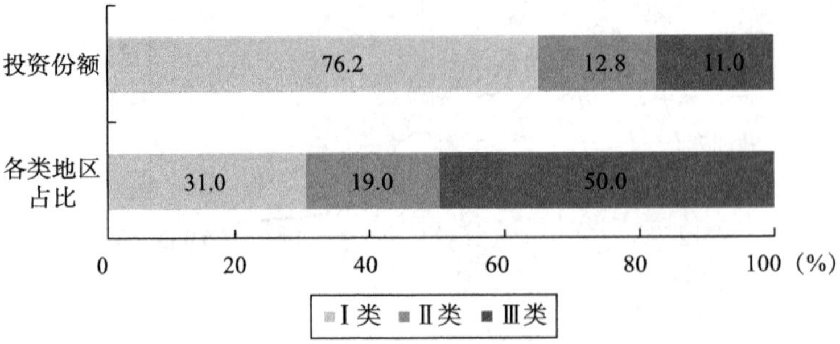

图 3-14　电源工程投资分布

在Ⅰ类地区的 31 个国家中，投资指数大于 2 的国家有 14 个，对蒙古国、德国、印度、英国、巴基斯坦、俄罗斯、法国、韩国、新加坡、越南、马来西亚、泰国、巴西等国的电源工程投资显著高于其他国家（见图 3-15）。

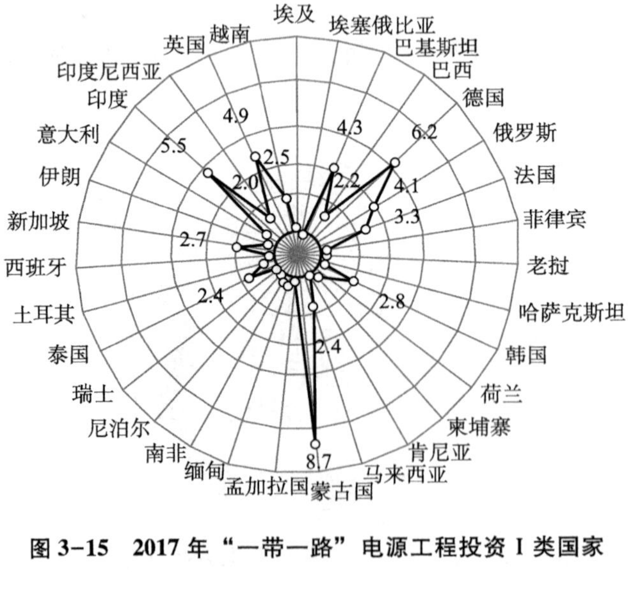

图 3-15　2017 年"一带一路"电源工程投资Ⅰ类国家

（二）电网工程

在电网工程投资方面，Ⅰ类地区占 33.0%，Ⅱ类地区占 14.0%，Ⅲ类地区占 53.0%，且Ⅰ类国家的投资份额达到 79.4%，Ⅱ类国家的投资份额为 9.2%，Ⅲ类国家的投资份额为 11.4%（见图 3-16）。

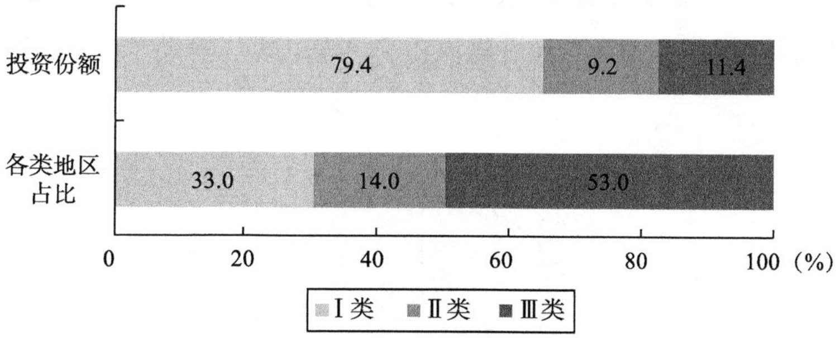

图 3-16　电网工程投资分布

在Ⅰ类地区的 33 个国家中，投资指数大于 2 的国家有 12 个，对蒙古国、德国、印度、英国、俄罗斯、法国、韩国、新加坡、巴西、巴基斯坦、泰国、越南等国的电网工程投资显著高于其他国家（见图 3-17）。

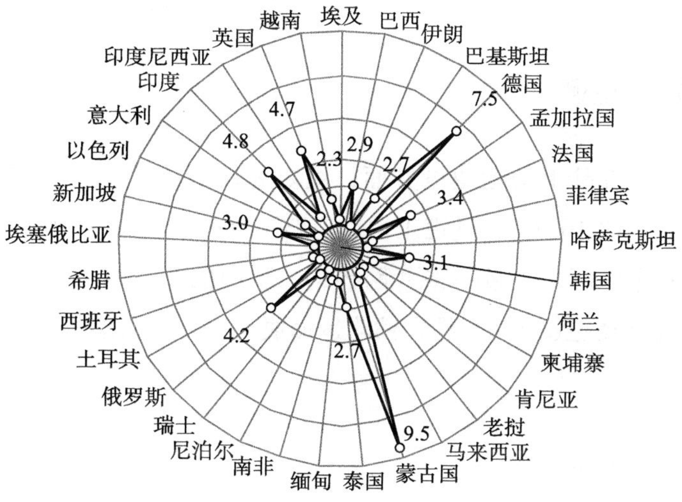

图 3-17　2017 年“一带一路”电网工程投资Ⅰ类国家

第二节 交通运输领域投资分析

数据显示，在交通运输领域，交通设备投资占 36.3%，陆上交通建设占 33.1%，港口建设占 5.9%，航线建设占 7.3%，其他辅助工程占 17.4%（见图 3-18）。

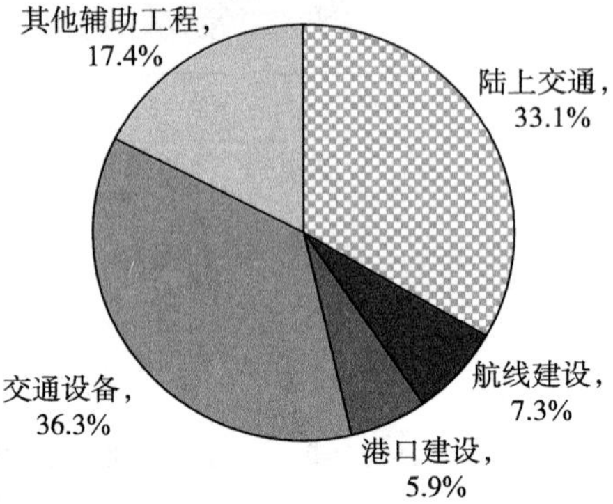

图 3-18 2017 年“一带一路”交通运输领域投资分布

一、陆上交通

数据显示，在陆上交通建设方面，主要为铁路建设，占比 62.1%，其次为桥梁工程，占比 16.7%，隧道工程、道路工程分别占比 11.0%、6.6%（见图 3-19）。根据中国“一带一路”网数据，从中国通往响应“一带一路”倡议国家的班列已经超过 7 000 趟，铁路运输成为主要的运输方式。

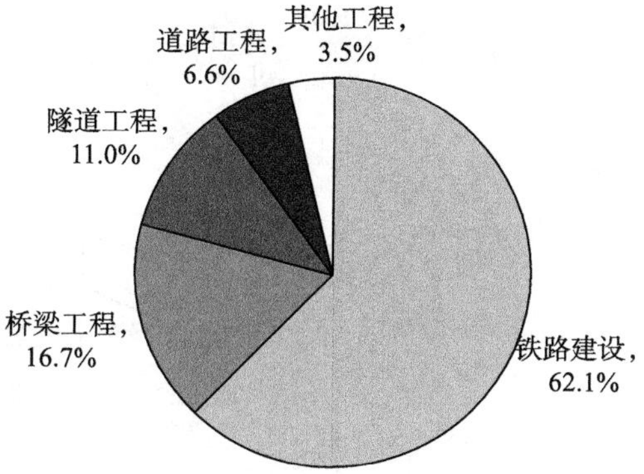

图 3-19　2017 年"一带一路"陆上交通建设投资分布

（一）铁路建设

在铁路建设投资方面，Ⅰ类地区占 31.0%，Ⅱ类地区占 19.0%，Ⅲ类地区占 50.0%，且Ⅰ类国家的投资份额达到 74.5%，Ⅱ类国家的投资份额为 14.2%，Ⅲ类国家的投资份额仅为 11.3%（见图 3-20）。

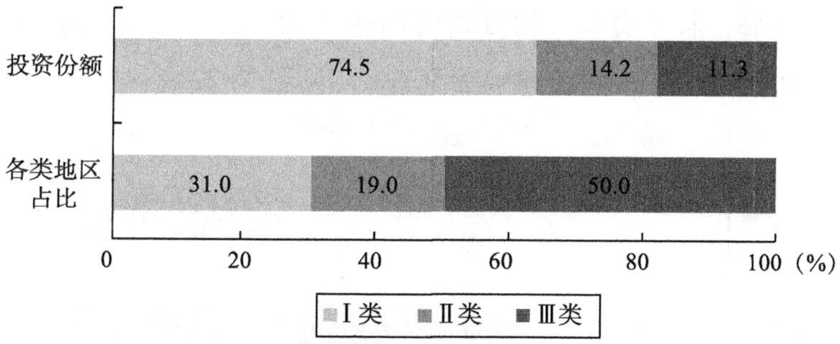

图 3-20　铁路建设投资分布

在Ⅰ类地区的 31 个国家中，投资指数大于 2 的国家有 15 个，对德国、俄罗斯、英国、印度、新加坡、法国、越南、泰国、韩国、哈萨克斯坦、马来西亚、巴基斯坦、波兰、肯尼亚、老挝等国的铁路建设投资显著高于其他国家（见图 3-21）。

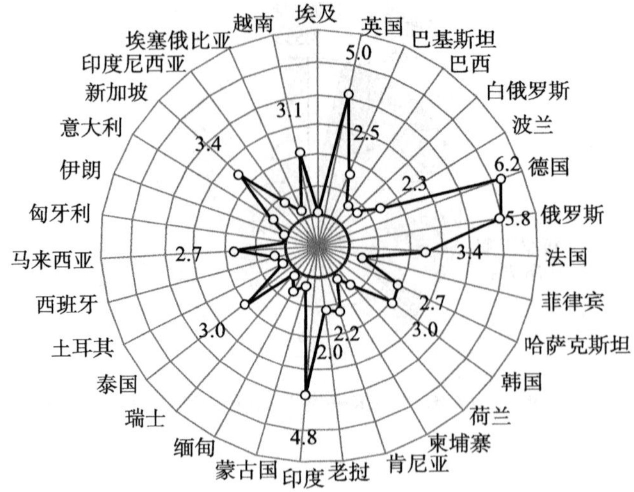

图 3-21　2017 年“一带一路”铁路建设投资Ⅰ类国家

（二）桥梁工程

在桥梁工程建设投资方面，Ⅰ类地区占 32.0%，Ⅱ类地区占 21.0%，Ⅲ类地区占 47.0%，且Ⅰ类国家的投资份额达到 75.2%，Ⅱ类国家的投资份额为 15.2%，Ⅲ类国家的投资份额仅为 9.6%（见图 3-22）。

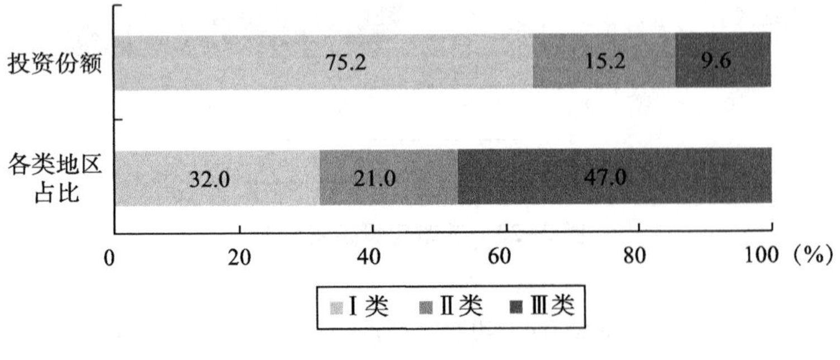

图 3-22　桥梁工程建设投资分布

在Ⅰ类地区的 32 个国家中，投资指数大于 2 的国家有 12 个，对英国、德国、俄罗斯、印度、法国、越南、泰国、韩国、新加坡、马来西亚、意大利、巴基斯坦等国的桥梁工程建设投资显著高于其他国家（见图 3-23）。

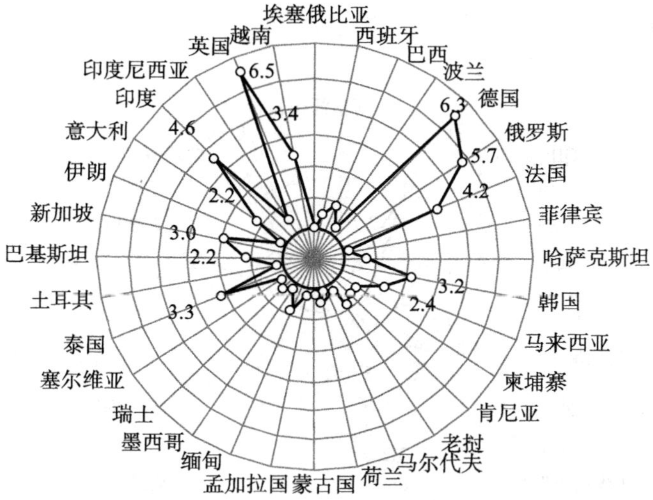

图 3-23　2017 年“一带一路”桥梁工程建设投资Ⅰ类国家

（三）隧道工程

在隧道工程建设投资方面，Ⅰ类地区占 30.0%，Ⅱ类地区占 21.0%，Ⅲ类地区占 49.0%，且Ⅰ类国家的投资份额达到 75.0%，Ⅱ类国家的投资份额为 16.0%，Ⅲ类国家的投资份额仅为 9.0%（见图 3-24）。

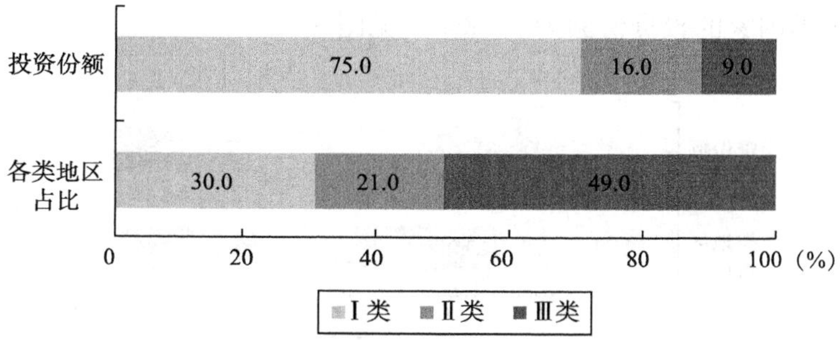

图 3-24　隧道工程建设投资分布

在Ⅰ类地区的 30 个国家中，投资指数大于 2 的国家有 15 个，对德国、英国、俄罗斯、法国、印度、韩国、泰国、新加坡、马来西亚、意大利、老挝、越南、哈萨克斯坦、巴基斯坦、瑞士等国的隧道工程建设投资显著高于其他国家（见图3-25）。

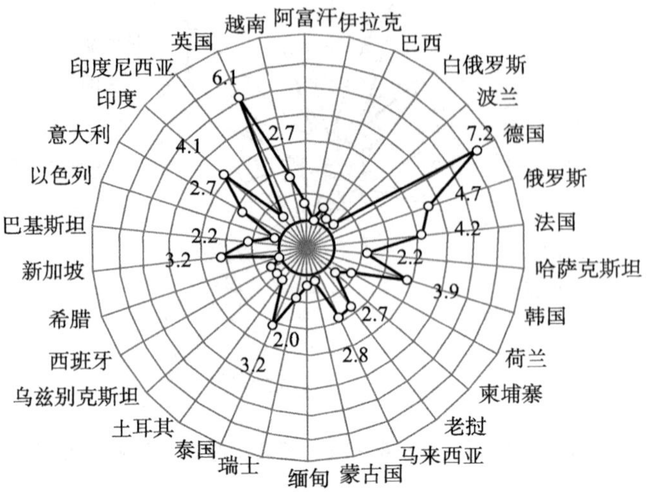

图 3-25　2017 年“一带一路”隧道工程建设投资 I 类国家

（四）道路工程

在道路工程投资方面，Ⅰ类地区占 31.0%，Ⅱ类地区占 10.0%，Ⅲ类地区占 59.0%，且Ⅰ类国家的投资份额达到 81.2%，Ⅱ类国家的投资份额仅为 7.0%，Ⅲ类国家的投资份额为 11.8%（见图 3-26）。

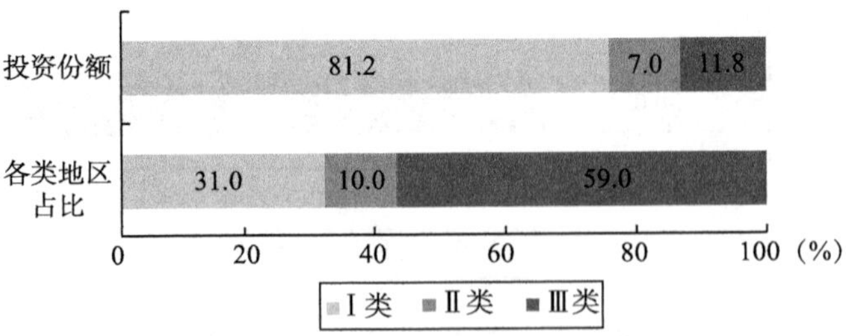

图 3-26　道路工程建设投资分布

在Ⅰ类地区的31个国家中，投资指数大于2的国家有16个，对印度、英国、巴基斯坦、德国、不丹、俄罗斯、尼泊尔、新加坡、马来西亚、越南、韩国、哈萨克斯坦、法国、肯尼亚、泰国、斯里兰卡等国的道路工程建设投资显著高于其他国家（见图3-27）。

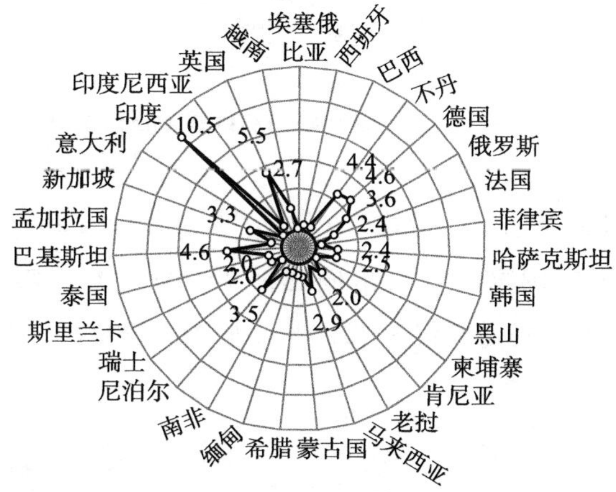

图3-27　2017年“一带一路”道路工程建设投资Ⅰ类国家

二、航线建设

2017年，“一带一路”航线建设投资中，欧洲国家的航线建设投资最多，占24.7%，其次为东南亚国家，占比16.9%，独联体、南盟国家、中东地区航线建设投资分别占比11.3%、9.7%、9.4%，美洲、非洲、中亚地区投资较少，占比分别为4.9%、4.5%、4.1%（见图3-28）。

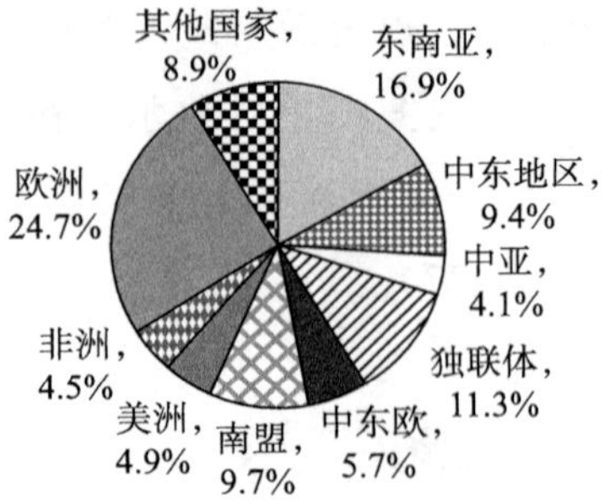

图 3-28　2017 年“一带一路”航线建设投资区域分布

在航线建设投资方面，Ⅰ类地区占 30.0%，Ⅱ类地区占 20.0%，Ⅲ类地区占 50.0%，且Ⅰ类国家的投资份额达到 73.6%，Ⅱ类国家的投资份额为 14.4%，Ⅲ类国家的投资份额仅为 12.0%（见图 3-29）。

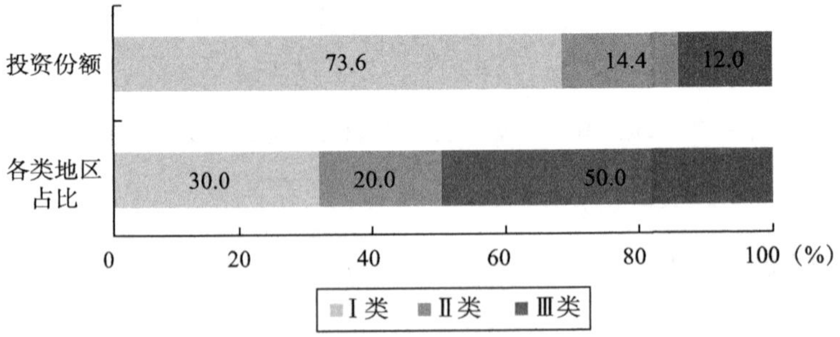

图 3-29　航线建设投资分布

在Ⅰ类地区的 30 个国家中，投资指数大于 2 的国家有 12 个，对德国、英国、俄罗斯、新加坡、法国、印度、韩国、泰国、马来西亚、越南、意大利、巴基斯坦等国的航线建设投资显著高于其他国家（见图 3-30）。

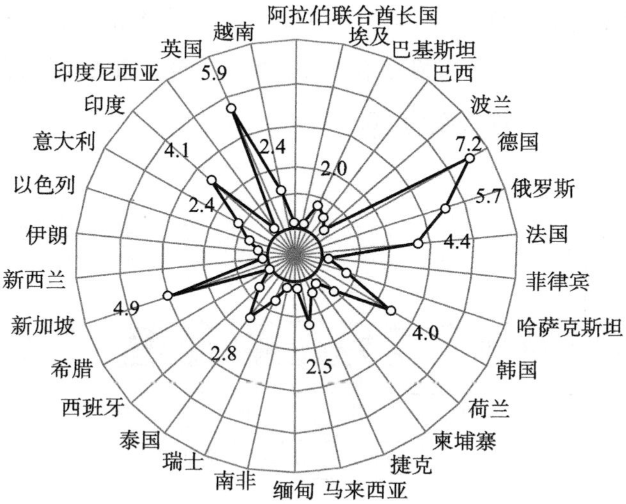

图 3-30　2017 年“一带一路”航线建设投资 I 类国家

三、港口建设

2017 年，“一带一路”港口建设投资中，码头建设的投资占比为 39.0%，堆场建设占比 23.9%，设备类投入占比 17.4%，其他辅助工程建设占比 19.7%（见图 3-31）。

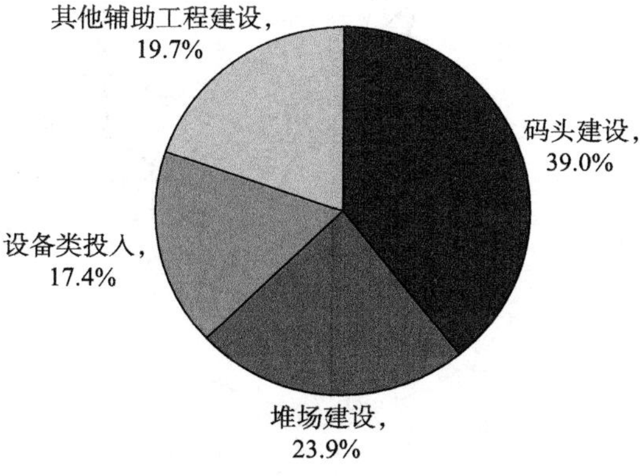

图 3-31　2017 年“一带一路”港口建设分布

在港口建设投资方面，Ⅰ类地区占 29.0%，Ⅱ类地区占 25.0%，Ⅲ类地区占 46.0%，且Ⅰ类国家的投资份额达到 72.3%，Ⅱ类国家的投资份额为 17.5%，Ⅲ类国家的投资份额为 10.2%（见图 3-32）。

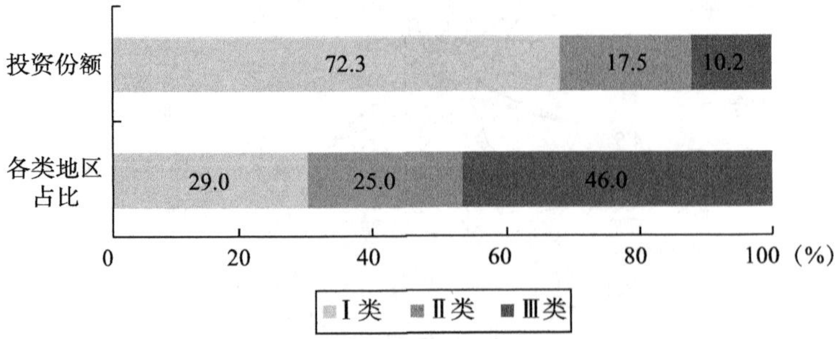

图 3-32　港口建设投资分布

在Ⅰ类地区的 29 个国家中，投资指数大于 2 的国家有 17 个，对德国、印度、俄罗斯、英国、新加坡、法国、越南、韩国、马来西亚、泰国、巴基斯坦、哈萨克斯坦、印度尼西亚、意大利、波兰、巴西、菲律宾等国的港口建设投资显著高于其他国家（见图 3-33）。

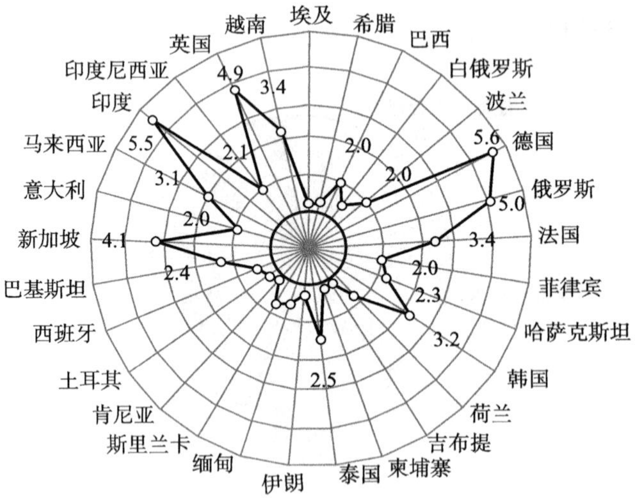

图 3-33　2017 年“一带一路”港口建设投资Ⅰ类国家

四、交通设备

2017 年，“一带一路”交通设备投资中，陆上设备的投资最高，占比为 85. 2%；其次是空运设备，占比 9. 5%；海上设备投资最低，仅占 5. 3%（见图 3-34）。

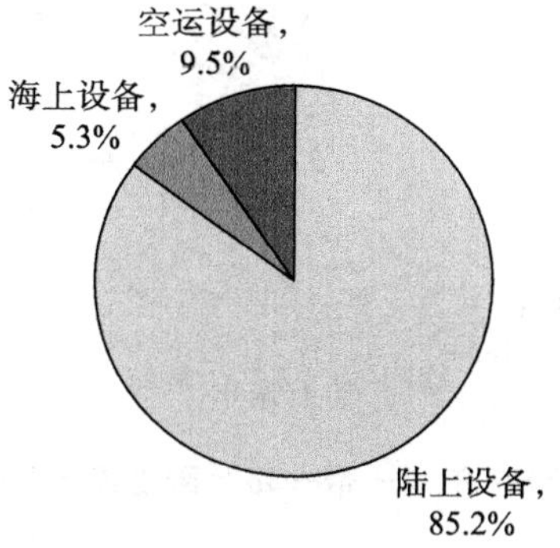

图 3-34　2017 年“一带一路”交通设备投资分布

（一）陆上设备

在陆上设备投资方面，Ⅰ类地区占 29. 0%，Ⅱ类地区占 20. 0%，Ⅲ类地区占 51. 0%，且Ⅰ类国家的投资份额达到 75. 4%，Ⅱ类国家的投资份额为 13. 9%，Ⅲ类国家的投资份额仅为 10. 7%（见图 3-35）。

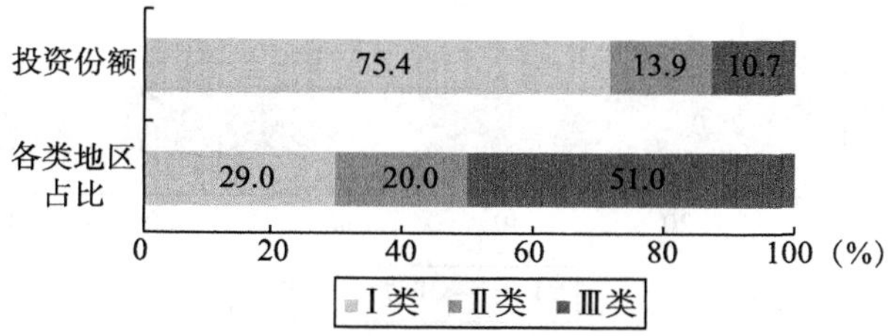

图 3-35　陆上设备投资分布

在Ⅰ类地区的29个国家中，投资指数大于2的国家有13个，对德国、英国、俄罗斯、法国、韩国、印度、新加坡、意大利、泰国、越南、马来西亚、巴西、荷兰等国的陆上运输设备投资显著高于其他国家（见图3-36）。

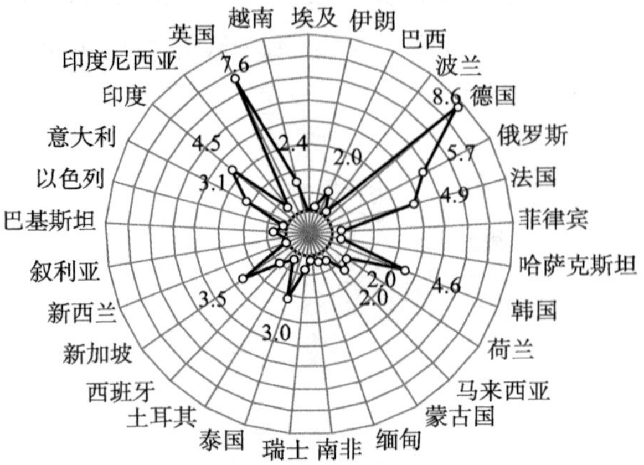

图3-36　2017年“一带一路”陆上设备投资Ⅰ类国家

（二）海上设备

在海上设备投资方面，Ⅰ类地区占25.0%，Ⅱ类地区占21.0%，Ⅲ类地区占54.0%，且Ⅰ类国家的投资份额达到75.7%，Ⅱ类国家的投资份额为15.5%，Ⅲ类国家的投资份额仅为8.8%（见图3-37）。

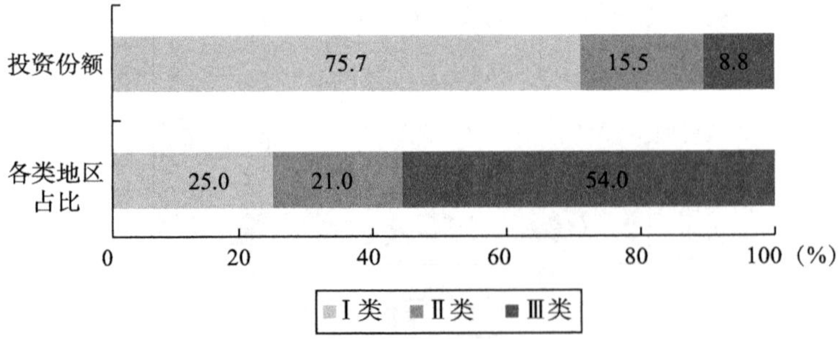

图3-37　海上设备投资分布

在Ⅰ类地区的25个国家中，投资指数大于2的国家有15个，对英国、新加坡、德国、法国、印度、俄罗斯、韩国、荷兰、越南、意大利、马来西亚、泰国、巴西、菲律宾、印度尼西亚等国的海上设备投资显著高于其他国家（见图3-38）。

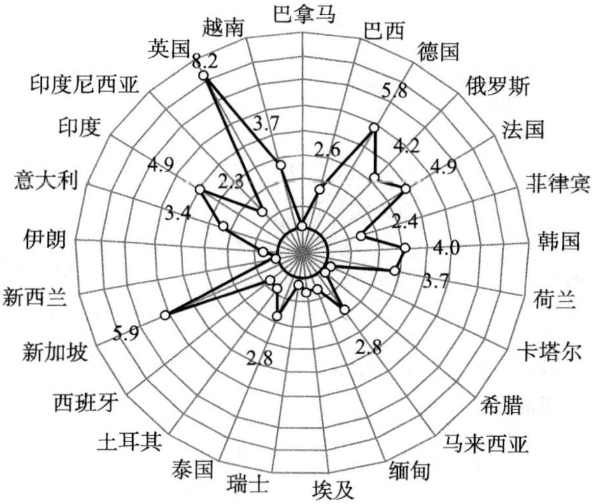

图 3-38　2017 年“一带一路”海上设备投资Ⅰ类国家

（三）空运设备

在空运设备投资方面，Ⅰ类地区占31.0%，Ⅱ类地区占19.0%，Ⅲ类地区占50.0%，且Ⅰ类国家的投资份额达到76.6%，Ⅱ类国家的投资份额为13.0%，Ⅲ类国家的投资份额为10.4%（见图3-39）。

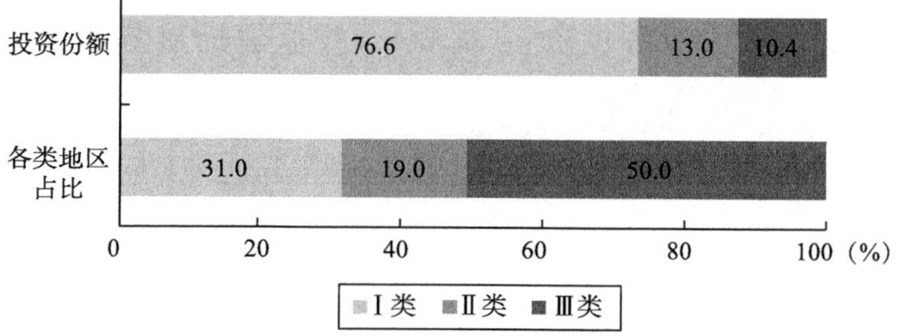

图 3-39　空运设备投资分布

在Ⅰ类地区的31个国家中，投资指数大于2的国家有13个，对俄罗斯、英国、德国、印度、法国、韩国、新加坡、泰国、越南、马来西亚、叙利亚、意大利、土耳其等国的空运设备投资显著高于其他国家（见图3-40）。

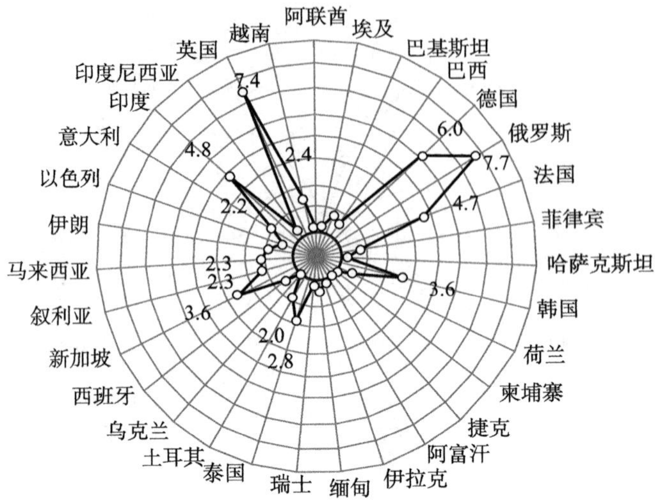

图3-40　2017年“一带一路”空运设备投资Ⅰ类国家

第三节　通信产业投资分析

数据显示，2017年“一带一路”通信领域投资中，通信技术服务投资最高，占47.1%，通信设备投资占36.0%，其他辅助服务占16.8%（见图3-41）。

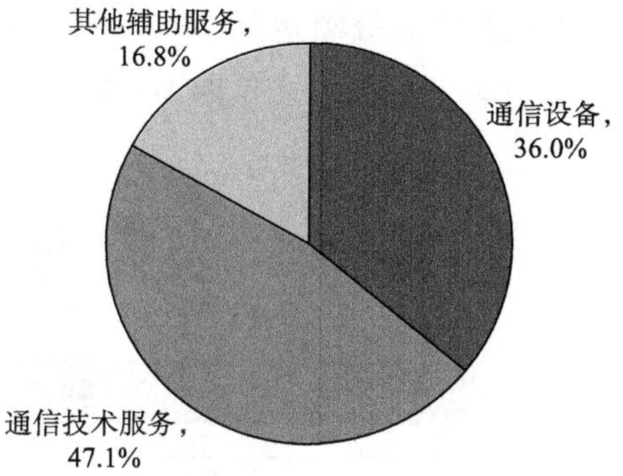

图 3-41　2017 年“一带一路”通信产业投资分布

一、通信设备

2017 年“一带一路”通信设备投资中，移动设备、智能电视、LED 设备投资意向较高，占比分别为 33. 1%、29. 2%、17. 7%；笔记本、台式电脑、卫星设备、交换机等也在不少企业的投资清单中（见图 3-42）。

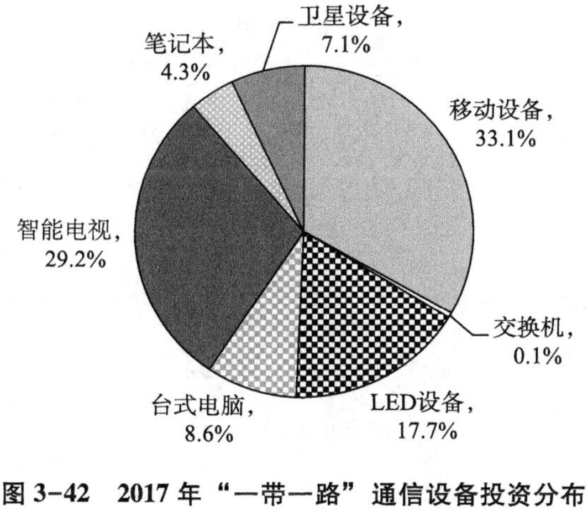

图 3-42　2017 年“一带一路”通信设备投资分布

（一）移动设备

在移动设备投资方面，Ⅰ类地区占 27. 0%，Ⅱ类地区占 17. 0%，Ⅲ类地区占 56.0%，且Ⅰ类国家的投资份额达到 76.2%，Ⅱ类国家的投资份额为 12.6%，Ⅲ类国家的投资份额为 11.2%（见图 3-43）。

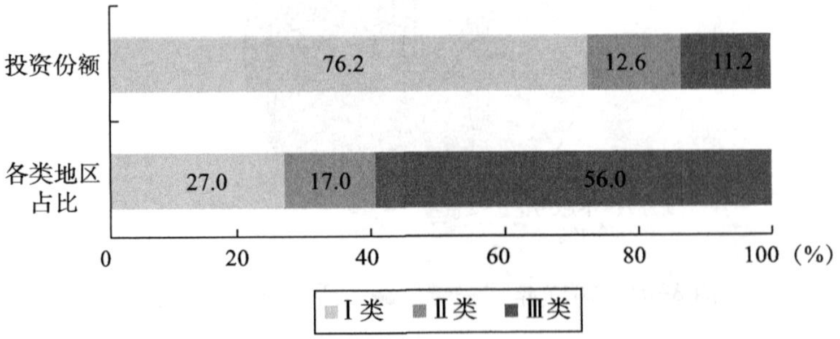

图 3-43　移动设备投资分布

在Ⅰ类地区的 27 个国家中，投资指数大于 2 的国家有 14 个，对英国、德国、韩国、印度、俄罗斯、新加坡、法国、泰国、巴西、越南、马来西亚、印度尼西亚、意大利、荷兰等国的移动设备投资显著高于其他国家（见图 3-44）。

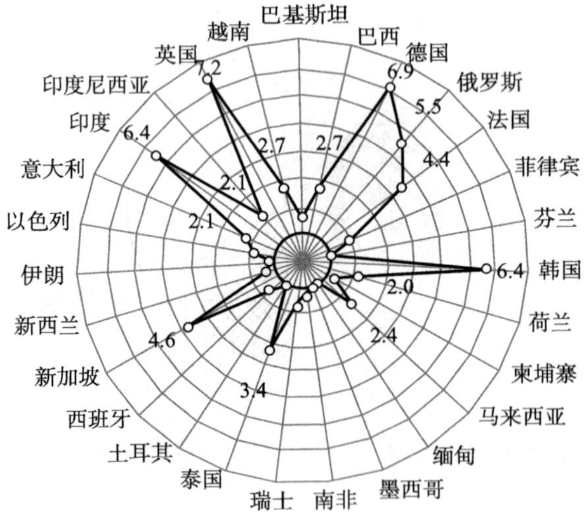

图 3-44　2017 年“一带一路”移动设备投资Ⅰ类国家

（二）智能电视

在智能电视投资方面，Ⅰ类地区占 29.0%，Ⅱ类地区占 24.0%，Ⅲ类地区占 47.0%，且Ⅰ类国家的投资份额达到 72.3%，Ⅱ类国家的投资份额为 16.7%，Ⅲ类国家的投资份额为 11.0%（见图 3-45）。

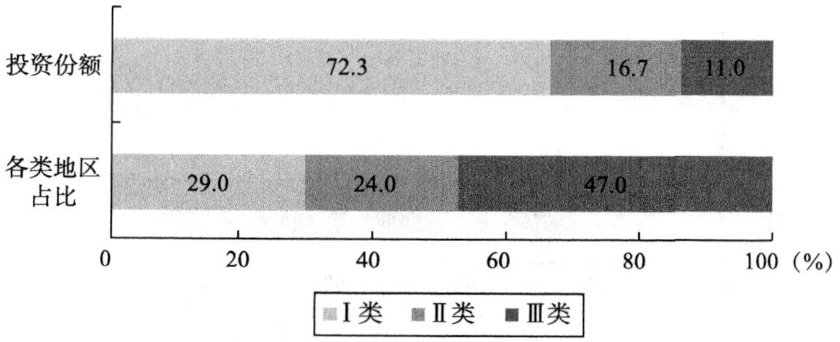

图 3-45　智能电视投资分布

在Ⅰ类地区的 29 个国家中，投资指数大于 2 的国家有 10 个，对英国、德国、俄罗斯、法国、韩国、印度、新加坡、泰国、意大利、马来西亚等国的智能电视投资显著高于其他国家（见图 3-46）。

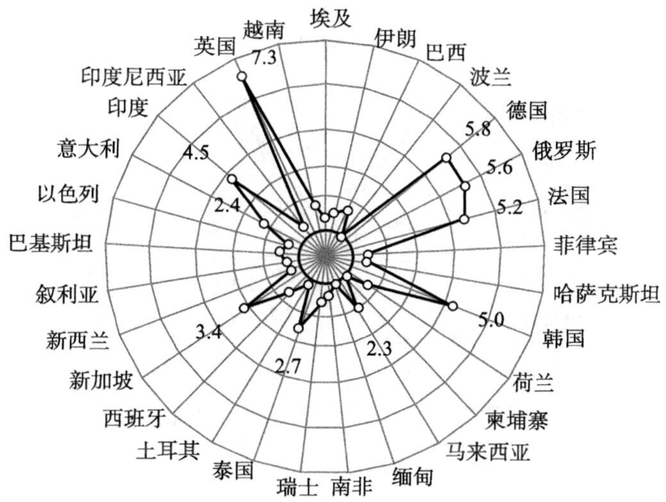

图 3-46　2017 年“一带一路”智能电视投资Ⅰ类国家

（三）电脑设备

在电脑设备投资方面，Ⅰ类地区占 23.0%，Ⅱ类地区占 22.0%，Ⅲ类地区占 55.0%，且Ⅰ类国家的投资份额达到 75.2%，Ⅱ类国家的投资份额为 15.3%，Ⅲ类国家的投资份额仅为 9.5%（见图 3-47）。

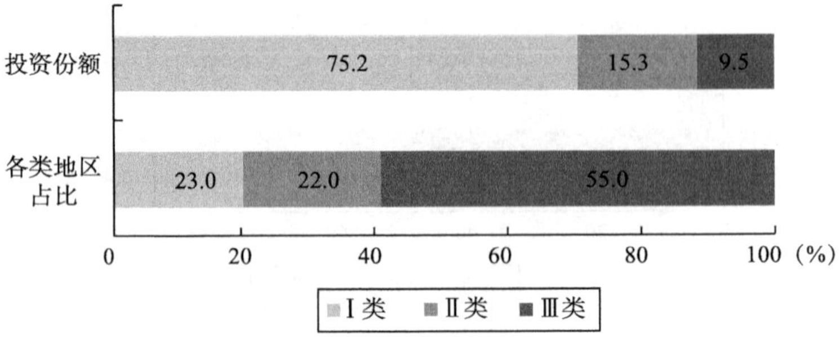

图 3-47 电脑设备投资分布

在Ⅰ类地区的 23 个国家中，投资指数大于 2 的国家有 13 个，对英国、德国、韩国、印度、法国、俄罗斯、新加坡、荷兰、意大利、泰国、巴西、马来西亚、越南等国的电脑设备投资显著高于其他国家（见图 3-48）。

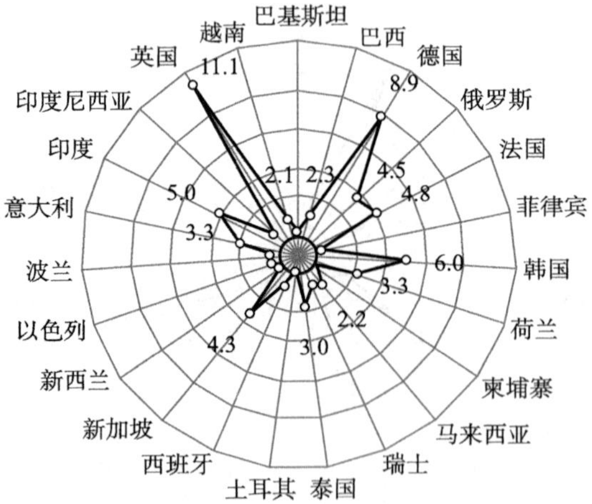

图 3-48 2017 年“一带一路”电脑设备投资Ⅰ类国家

二、通信技术服务

2017年“一带一路”通信服务投资中，网络优化服务占比最高，为52.5%；其次为网络建设服务，占比26.9%；最后为网络维护服务，占比20.6%（见图3-49）。

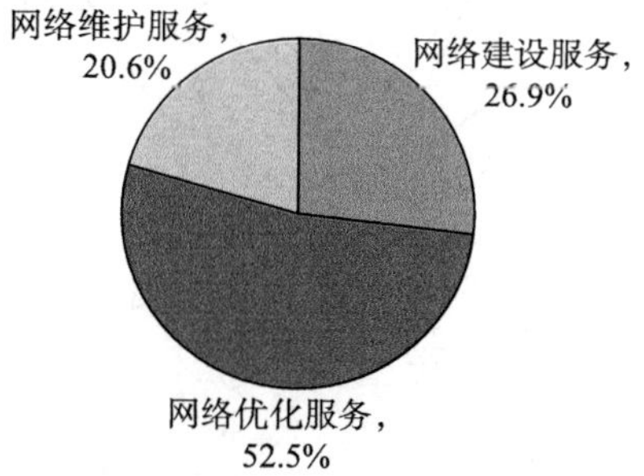

图3-49　2017年“一带一路”通信服务投资分布

（一）网络建设服务

在网络建设服务投资方面，Ⅰ类地区占29.0%，Ⅱ类地区占18.0%，Ⅲ类地区占53.0%，且Ⅰ类国家的投资份额达到75.5%，Ⅱ类国家的投资份额为13.7%，Ⅲ类国家的投资份额仅为10.8%（见图3-50）。

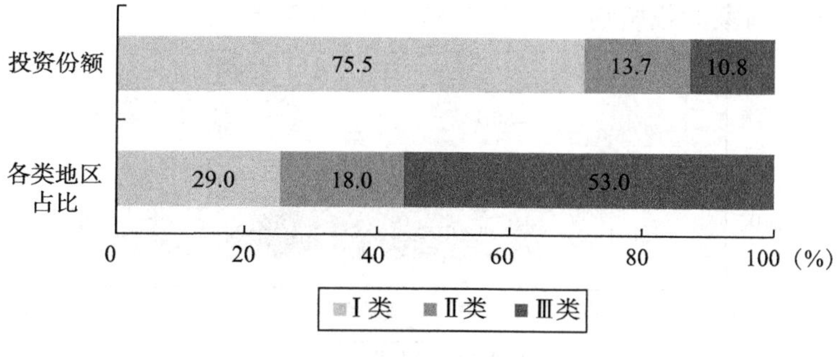

图3-50　网络建设服务投资分布

在Ⅰ类地区的29个国家中，投资指数大于2的国家有10个，对俄罗斯、英国、德国、法国、印度、韩国、意大利、以色列、新加坡、乌克兰等国的网络建设服务投资意向显著高于其他国家（见图3-51）。

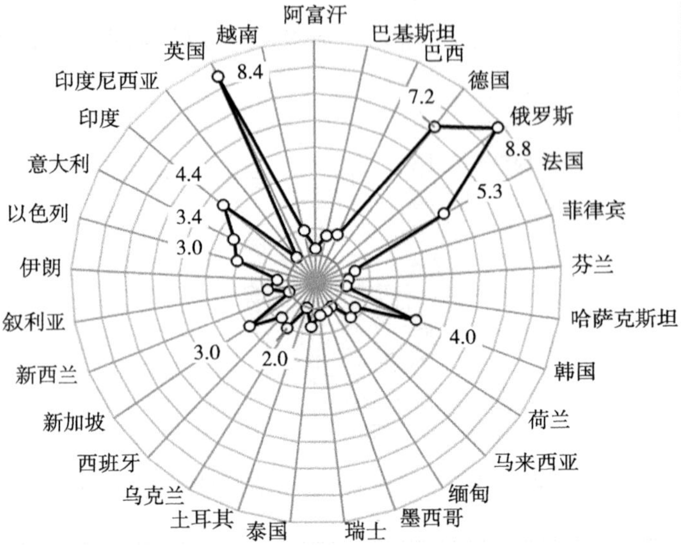

图3-51　2017年“一带一路”网络建设服务投资意向Ⅰ类国家

（二）网络优化服务

在网络优化服务方面，Ⅰ类地区占30.0%，Ⅱ类地区占18.0%，Ⅲ类地区占52.0%，且Ⅰ类国家的投资份额达到80.1%，Ⅱ类国家的投资份额为12.4%，Ⅲ类国家的投资份额仅为7.5%（见图3-52）。

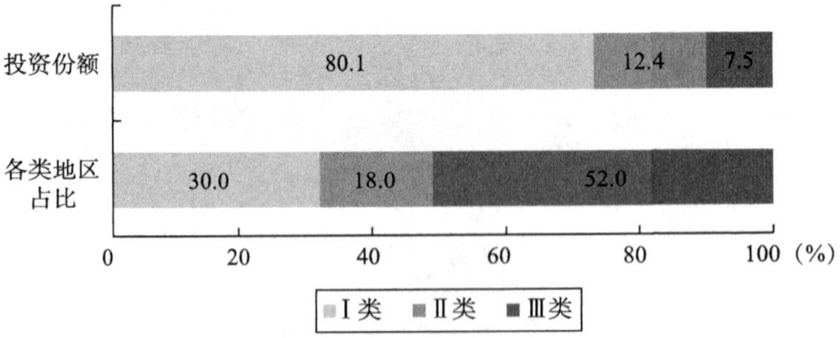

图3-52　网络优化服务投资分布

在Ⅰ类地区的30个国家中，投资指数大于2的国家有15个，对韩国、英国、德国、法国、印度、俄罗斯、新加坡、瑞士、意大利、荷兰、泰国、阿富汗、巴基斯坦、西班牙、马来西亚等国的网络优化服务投资意向显著高于其他国家（见图3-53）。

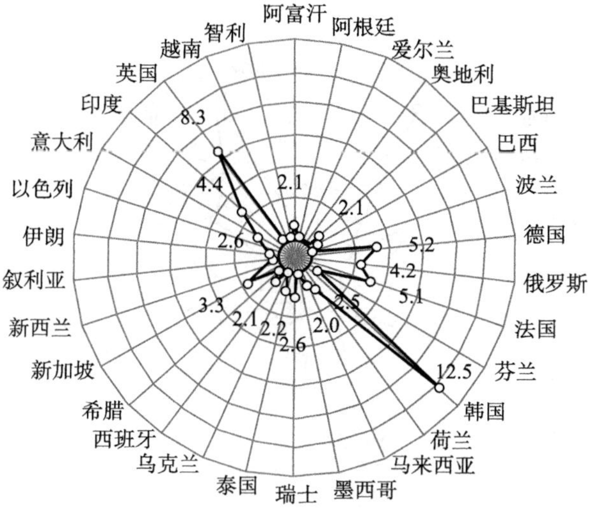

图3-53　2017年“一带一路”网络优化服务投资意向Ⅰ类国家

（三）网络维护服务

在网络维护服务投资方面，Ⅰ类地区占25.0%，Ⅱ类地区占20.0%，Ⅲ类地区占55.0%，且Ⅰ类国家的投资份额达到77%，Ⅱ类国家的投资份额为12.6%，Ⅲ类国家的投资份额仅为10.4%（见图3-54）。

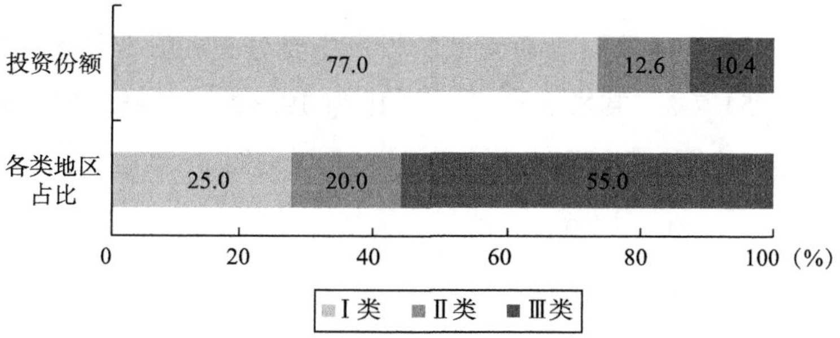

图3-54　网络维护服务投资分布

在Ⅰ类地区的25个国家中，投资指数大于2的国家有15个，对德国、英国、俄罗斯、韩国、新加坡、印度、法国、泰国、意大利、马来西亚、荷兰、巴西、越南、瑞士、西班牙等国的网络维护服务投资意向显著高于其他国家（见图3-55）。

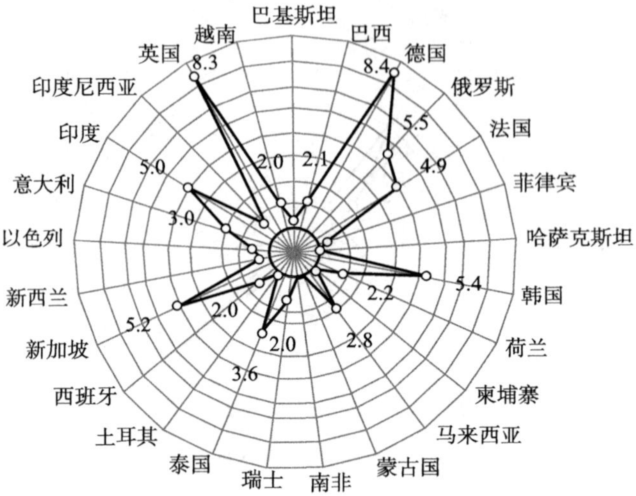

图3-55 2017年“一带一路”网络维护服务投资意向Ⅰ类国家

第四节 农业投资分析

2017年，“一带一路”农业领域的投资主要分布在农业作物种植及加工领域，占比为54.7%；其次为渔业，占比为19.3%；畜牧业投资意向占比10.5%，林业及其他农业投资意向占比15.5%（见图3-56）。

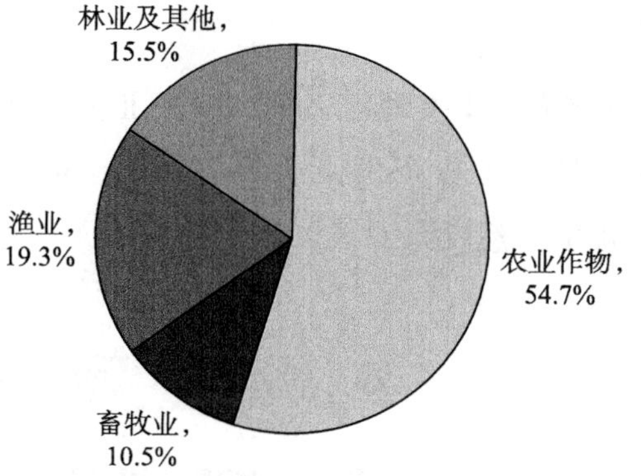

图 3-56　2017 年“一带一路”农业领域投资分布

一、农业作物

数据显示，2017 年“一带一路”农业作物领域投资意向中粮食作物、油/香料作物的投资占比较高，分别为 36.4%、30.7%；其次为中药材的投资意向，占比 12.1%；育苗/种、园艺、种茶等投资相对较低，分别占比 4.0%、2.3%、0.7%（见图 3-57）。

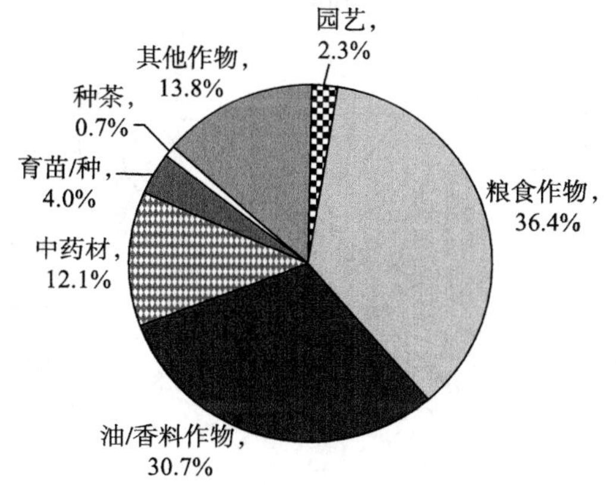

图 3-57　2017 年“一带一路”农业作物领域投资分布

（一）粮食作物

在粮食作物投资方面，Ⅰ类地区占 31.0%，Ⅱ类地区占 13.0%，Ⅲ类地区占 56.0%，且Ⅰ类国家的投资份额达到 79.0%，Ⅱ类国家的投资份额为 9.2%，Ⅲ类国家的投资份额仅为 11.8%（见图 3-58）。

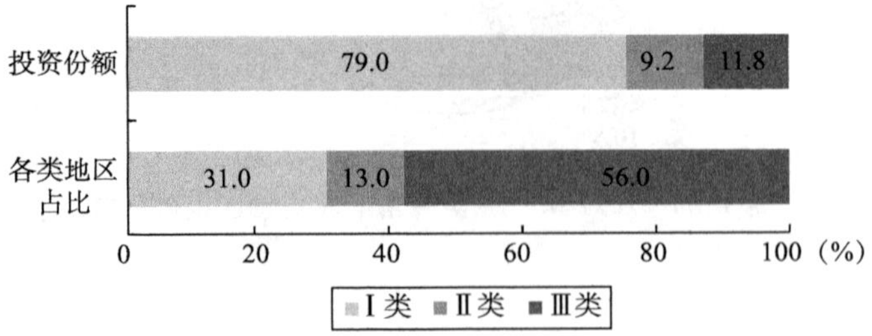

图 3-58 粮食作物投资分布

在Ⅰ类地区的 31 个国家中，投资指数大于 2 的国家有 15 个，对德国、俄罗斯、印度、巴西、英国、韩国、法国、泰国、荷兰、蒙古国、越南、阿根廷、意大利、新加坡、以色列等国的粮食作物投资显著高于其他国家（见图 3-59）。

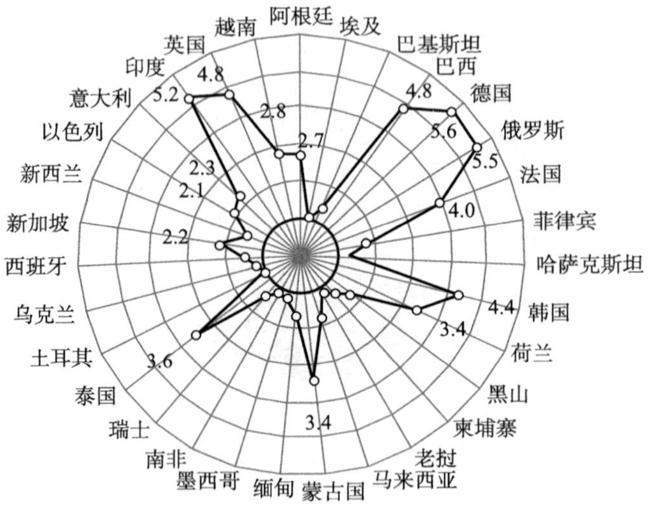

图 3-59 2017 年“一带一路”粮食作物投资意向Ⅰ类国家

（二）油/香料作物

在油/香料作物投资方面，Ⅰ类地区占28.0%，Ⅱ类地区占17.0%，Ⅲ类地区占53.0%，且Ⅰ类国家的投资份额达到76.2%，Ⅱ类国家的投资份额为12.9%，Ⅲ类国家的投资份额仅为10.9%（见图3-60）。

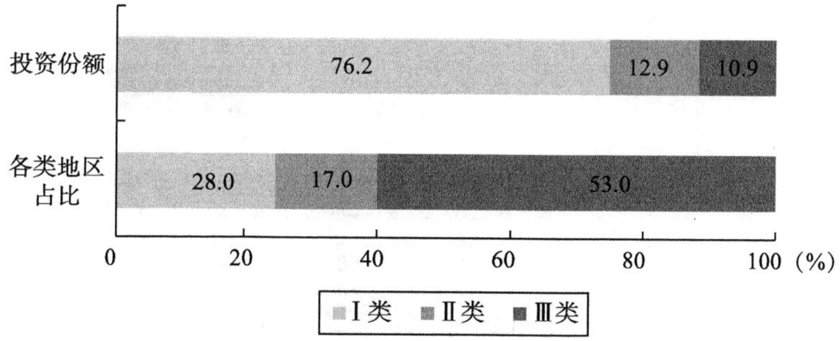

图3-60　油/香料作物投资分布

在Ⅰ类地区的28个国家中，投资指数大于2的国家有16个，对印度、法国、英国、德国、意大利、泰国、俄罗斯、新加坡、马来西亚、埃及、越南、西班牙、韩国、巴基斯坦、荷兰、土耳其等国的油/香料作物投资意向显著高于其他国家（见图3-61）。

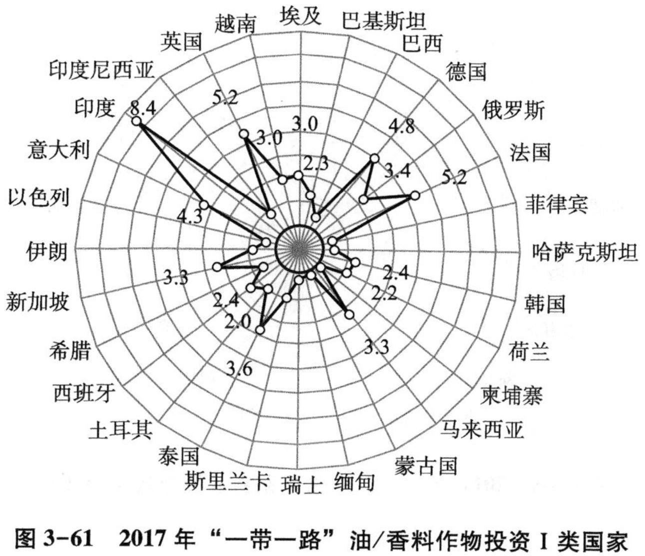

图3-61　2017年“一带一路”油/香料作物投资Ⅰ类国家

（三）茶叶

在茶业投资方面，Ⅰ类地区占20.0%，Ⅱ类地区占15.0%，Ⅲ类地区占65.0%，且Ⅰ类国家的投资份额达到79.5%，Ⅱ类国家的投资份额为11.3%，Ⅲ类国家的投资份额仅为9.2%（见图3-62）。

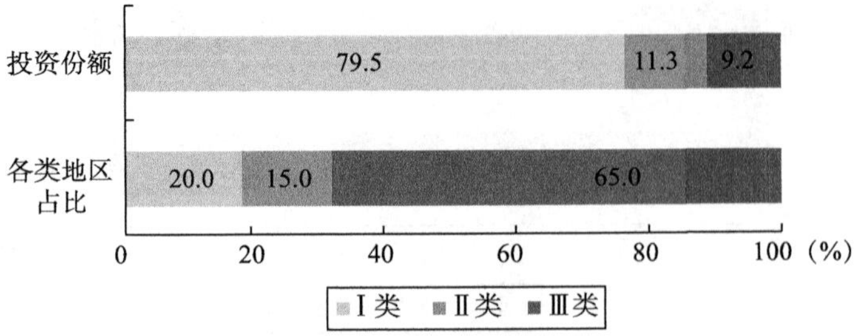

图3-62 茶叶投资分布

在Ⅰ类地区的20个国家中，投资指数大于2的国家有11个，对英国、俄罗斯、新加坡、印度、法国、德国、韩国、马来西亚、泰国、西班牙、荷兰等国的茶叶投资显著高于其他国家（见图3-63）。

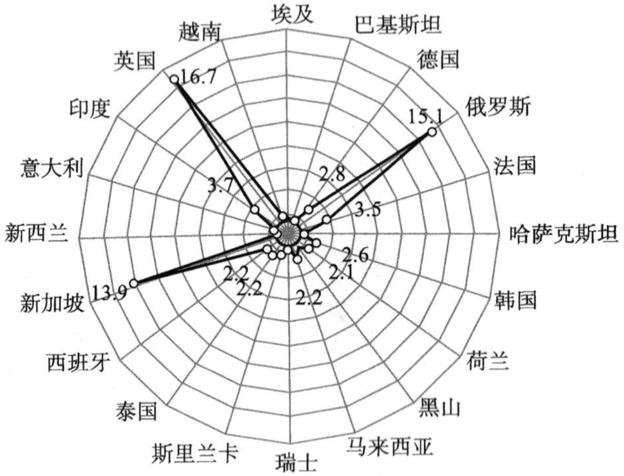

图3-63 2017年"一带一路"茶业投资意向Ⅰ类国家

二、畜牧业

在畜牧业投资方面，Ⅰ类地区占 26.0%，Ⅱ类地区占 23.0%，Ⅲ类地区占 51.0%，且Ⅰ类国家的投资份额达到 72.3%，Ⅱ类国家的投资份额为 18.0%，Ⅲ类国家的投资份额仅为 9.7%（见图 3-64）。

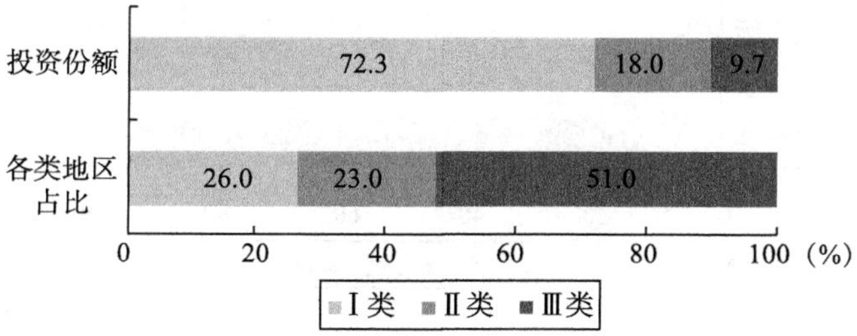

图 3-64　畜牧业投资分布

在Ⅰ类地区的 26 个国家中，投资指数大于 2 的国家有 15 个，对英国、德国、俄罗斯、法国、韩国、印度、蒙古国、荷兰、泰国、巴西、新加坡、意大利、越南、新西兰、黑山等国的畜牧业投资意向显著高于其他国家（见图 3-65）。

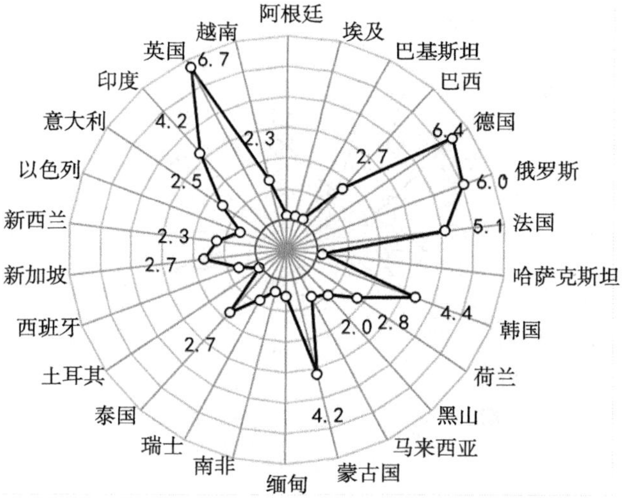

图 3-65　2017 年“一带一路”畜牧业投资Ⅰ类国家

三、渔业

在渔业投资方面，Ⅰ类地区占27.0%，Ⅱ类地区占19.0%，Ⅲ类地区占54.0%，且Ⅰ类国家的投资份额达到75.3%，Ⅱ类国家的投资份额为14.3%，Ⅲ类国家的投资份额仅为10.4%（见图3-66）。

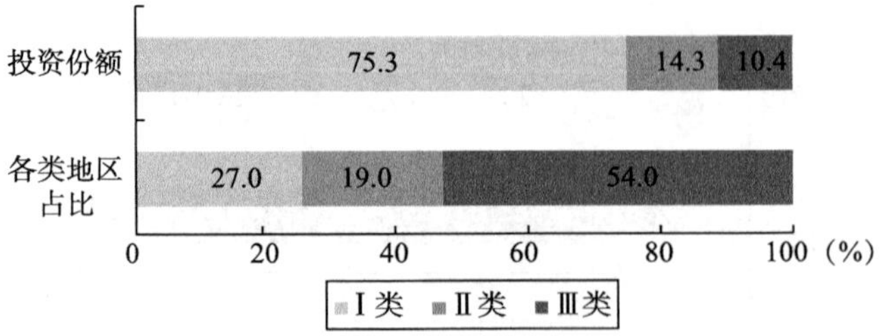

图3-66　渔业投资分布

在Ⅰ类地区的27个国家中，投资指数大于2的国家有18个，对韩国、俄罗斯、德国、英国、印度、法国、越南、泰国、新加坡、马来西亚、黑山、菲律宾、蒙古国、巴西、印度尼西亚、荷兰、新西兰、意大利等国的渔业投资意向显著高于其他国家（见图3-67）。

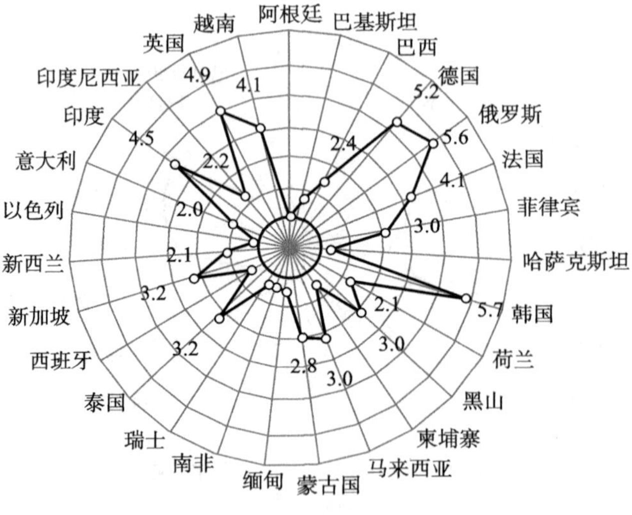

图3-67　2017年“一带一路”渔业投资Ⅰ类国家

第五节　金融领域投资分析

2017 年，“一带一路”金融领域中，证券业的投资最高，超过一半，占比 53. 1%；其次为银行业，占比 24. 8%；保险业的投资意向占比只有 19. 2%，其他金融服务占比 2. 9%（见图 3-68）。

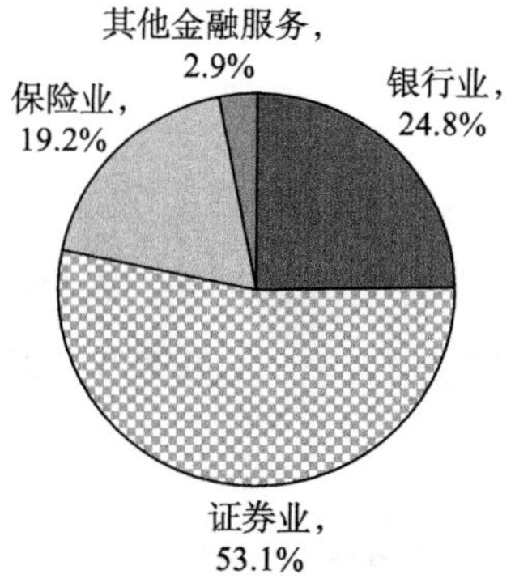

图 3-68　2017 年“一带一路”金融领域投资分布

一、银行业

2017 年，“一带一路”银行业主要投资为货币业务及信贷业务，信贷业务占比 78. 6%，货币业务占比 21. 4%（见图 3-69）。

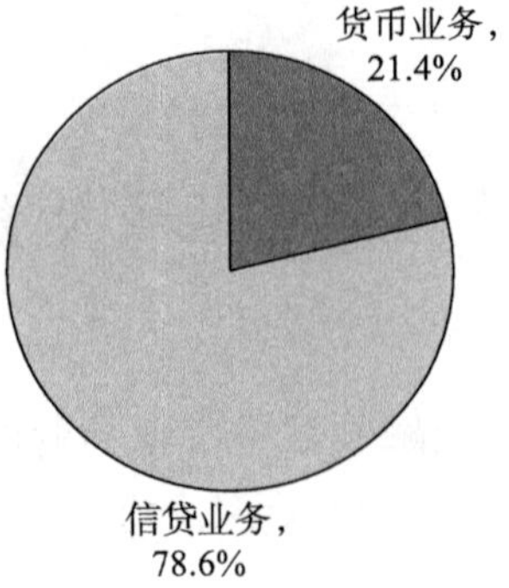

图 3-69　2017 年“一带一路”银行业投资分布

（一）货币业务

在货币业务投资方面，Ⅰ类地区占 26.0%，Ⅱ类地区占 14.0%，Ⅲ类地区占 60.0%，且Ⅰ类国家的投资份额达到 77.5%，Ⅱ类国家的投资份额为 9.8%，Ⅲ类国家的投资份额为 12.7%（见图 3-70）。

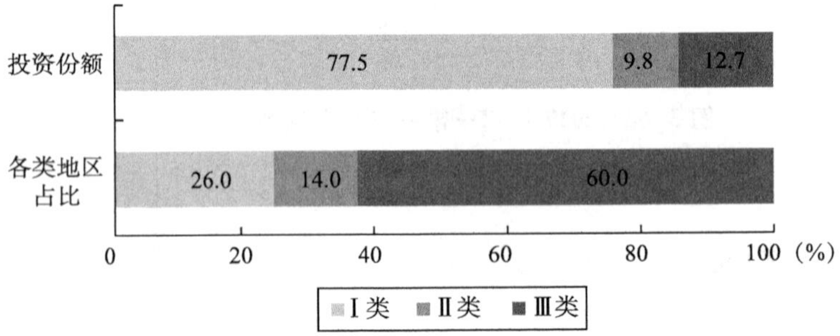

图 3-70　货币业务投资分布

在Ⅰ类地区的 26 个国家中，投资指数大于 2 的国家有 13 个，对英国、德国、新加坡、法国、俄罗斯、印度、瑞士、韩国、泰国、意大利、荷兰、巴西、马来西亚等国的货币业务投资显著高于其他国家（见图 3-71）。

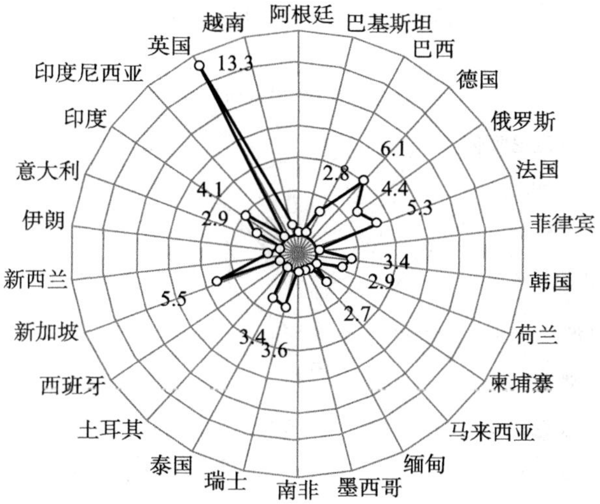

图 3-71　2017 年“一带一路”货币业务投资Ⅰ类国家

（二）信贷业务

在信贷业务投资方面，Ⅰ类地区占 28.0%，Ⅱ类地区占 21.0%，Ⅲ类地区占 51.0%，且Ⅰ类国家的投资份额达到 73.7%，Ⅱ类国家的投资份额为 15.3%，Ⅲ类国家的投资份额仅为 11.0%（见图 3-72）。

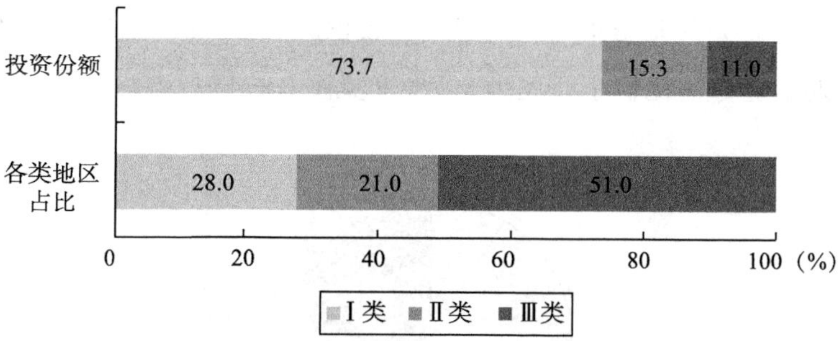

图 3-72　信贷业务投资分布

在Ⅰ类地区的 28 个国家中，投资指数大于 2 的国家有 13 个，对英国、德国、印度、新加坡、俄罗斯、法国、韩国、泰国、越南、马来西亚、意大利、巴西、印度尼西亚等国的信贷业务投资意向显著高于其他国家（见图 3-73）。

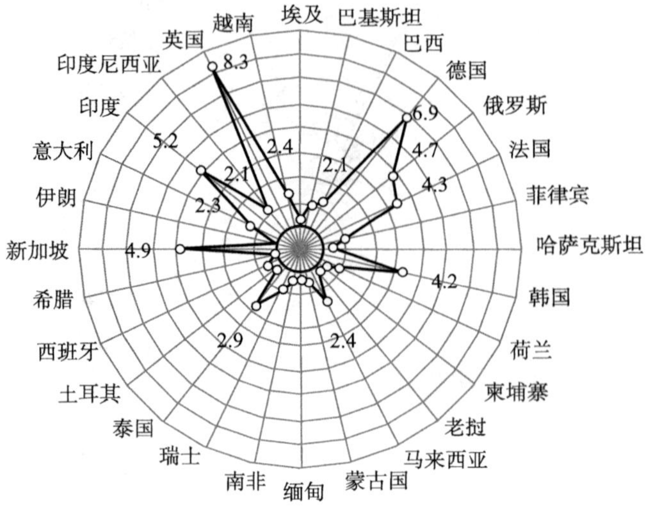

图 3-73　2017 年“一带一路”信贷业务投资 I 类国家

二、证券业

2017 年，“一带一路”证券业投资意向集中在股票业务、基金业务及期货业务，股票业务与基金业务分别占比 42.8%、48.5%，是证券业投资的主要内容，期货业务占比较小，仅为 8.7%（见图 3-74）。

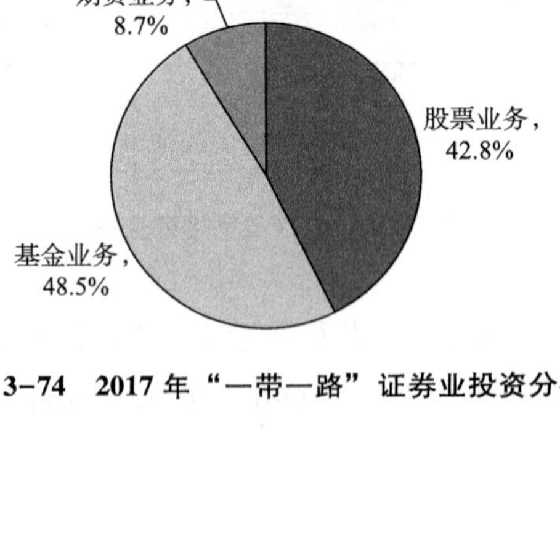

图 3-74　2017 年“一带一路”证券业投资分布

（一）股票业务

在股票业务投资方面，Ⅰ类地区占22.0%，Ⅱ类地区占14.0%，Ⅲ类地区占64.0%，且Ⅰ类国家的投资份额达到77.2%，Ⅱ类国家的投资份额为10.1%，Ⅲ类国家的投资份额为12.7%（见图3-75）。

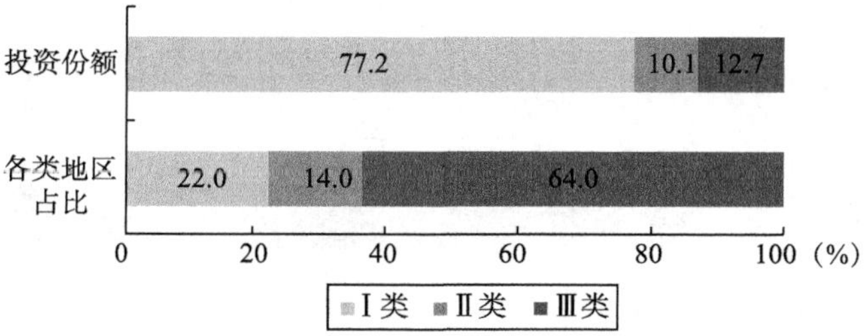

图3-75　股票业务投资分布

在Ⅰ类地区的22个国家中，投资指数大于2的国家有14个，对德国、英国、韩国、新加坡、法国、印度、俄罗斯、意大利、泰国、马来西亚、巴西、瑞士、荷兰、越南等国的股票业务投资意向显著高于其他国家（见图3-76）。

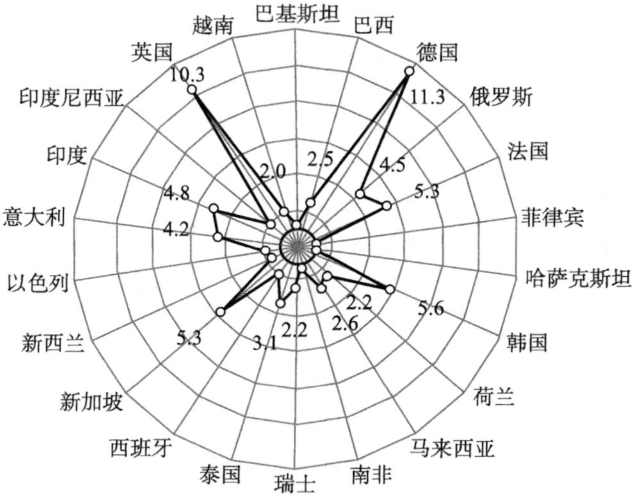

图3-76　2017年“一带一路”股票业务投资Ⅰ类国家

（二）基金业务

在基金业务投资方面，Ⅰ类地区占28.0%，Ⅱ类地区占22.0%，Ⅲ类地区占50.0%，且Ⅰ类国家的投资份额达到73.4%，Ⅱ类国家的投资份额为15.7%，Ⅲ类国家的投资份额仅为10.9%（见图3-77）。

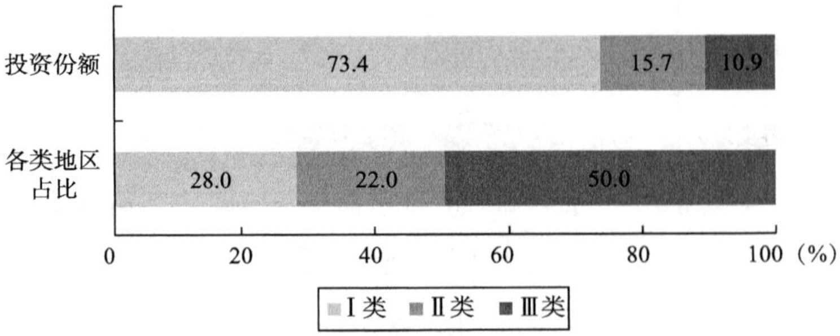

图3-77　基金业务投资分布

在Ⅰ类地区的28个国家中，投资指数大于2的国家有13个，对英国、德国、俄罗斯、法国、新加坡、印度、韩国、意大利、泰国、巴西、马来西亚、瑞士、荷兰等国的基金业务投资意向显著高于其他国家（见图3-78）。

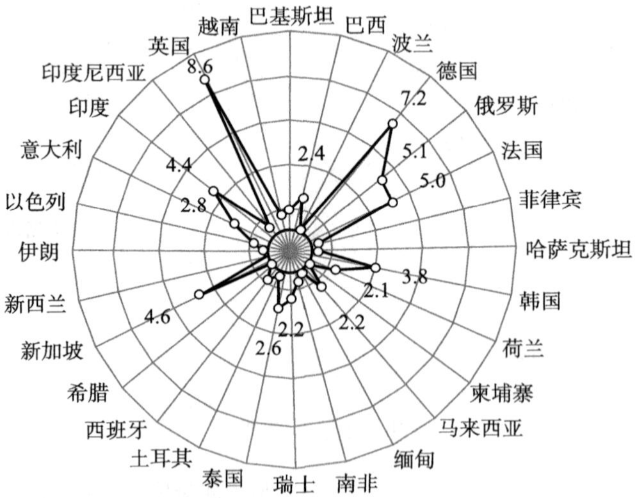

图3-78　2017年“一带一路”基金业务投资Ⅰ类国家

（三）期货业务

在期货业务投资方面，Ⅰ类地区占27.0%，Ⅱ类地区占13.0%，Ⅲ类地区占60.0%，且Ⅰ类国家的投资份额达到82.8%，Ⅱ类国家的投资份额为9.4%，Ⅲ类国家的投资份额仅为7.8%（见图3-79）。

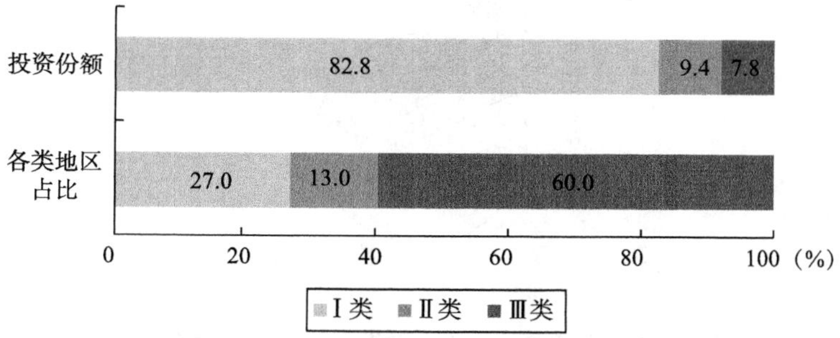

图3-79　期货业务投资分布

在Ⅰ类地区的27个国家中，投资指数大于2的国家有15个，对英国、德国、俄罗斯、法国、新加坡、印度、巴西、韩国、泰国、荷兰、意大利、马来西亚、伊朗、瑞士、叙利亚等国的期货业务投资意向显著高于其他国家（见图3-80）。

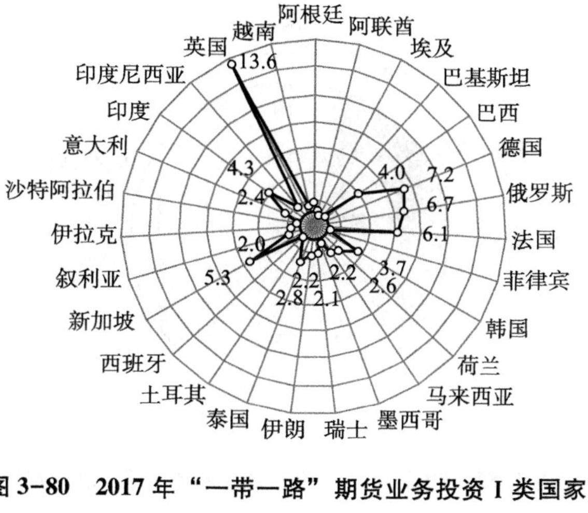

图3-80　2017年“一带一路”期货业务投资Ⅰ类国家

三、保险业

2017 年，“一带一路”保险业投资意向主要分为社会保险及商业保险，其中社会保险占比 82.2%，商业保险占比 17.8%（见图 3-81）。

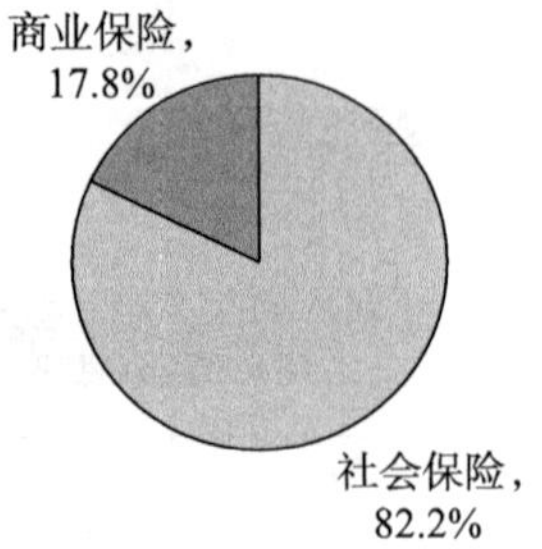

图 3-81　2017 年“一带一路”保险业投资意向分布

（一）社会保险

2017 年，“一带一路”社会保险投资意向分为医疗保险、养老保险、失业保险、工伤保险、生育保险。其中，医疗保险与养老保险为主要的意向内容，占比分别为 39.5%和 38.9%；失业保险占比 9.1%，工伤保险占比 7.4%，生育保险占比 5.1%（见图 3-82）。

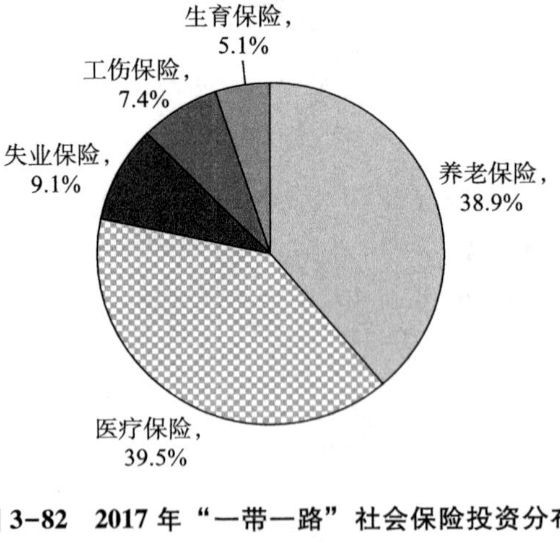

图 3-82　2017 年“一带一路”社会保险投资分布

在社会保险投资方面，Ⅰ类地区占26.0%，Ⅱ类地区占31.0%，Ⅲ类地区占43.0%，且Ⅰ类国家的投资份额达到69.7%，Ⅱ类国家的投资份额为22.1%，Ⅲ类国家的投资份额仅为8.2%（见图3-83）。

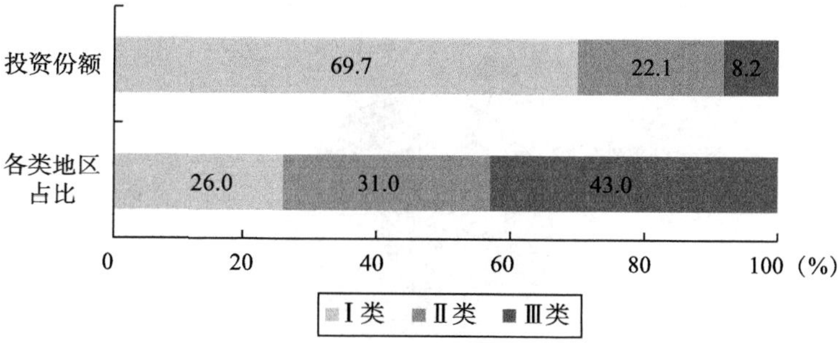

图3-83　社会保险投资分布

在Ⅰ类地区的26个国家中，投资指数大于2的国家有13个，对英国、德国、新加坡、法国、俄罗斯、韩国、泰国、印度、瑞士、越南、意大利、蒙古国、荷兰等国的社会保险投资显著高于其他国家（见图3-84）。

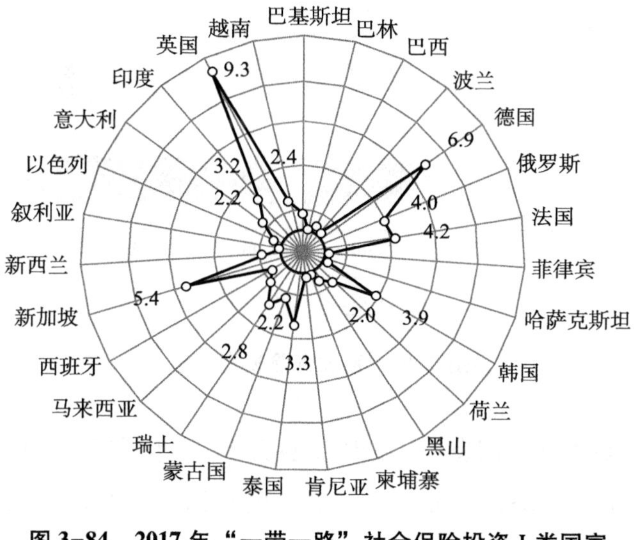

图3-84　2017年“一带一路”社会保险投资Ⅰ类国家

（二）商业保险

2017年，“一带一路”商业保险投资意向分为财产保险、人身保险及意外保险。其中财产保险成为企业海外投资的最主要的保险投资意向，占比为74.1%；人身保险及意外保险分别占比13.3%、12.7%（见图3-85）。

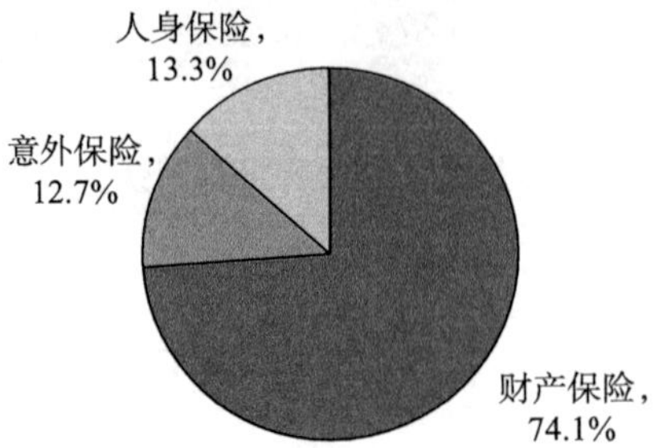

图3-85　2017年“一带一路”商业保险投资分布

在商业保险投资方面，Ⅰ类地区占22.0%，Ⅱ类地区占12.0%，Ⅲ类地区占66.0%，且Ⅰ类国家的投资份额达到78.5%，Ⅱ类国家的投资份额为9.5%，Ⅲ类国家的投资份额仅为12.0%（见图3-86）。

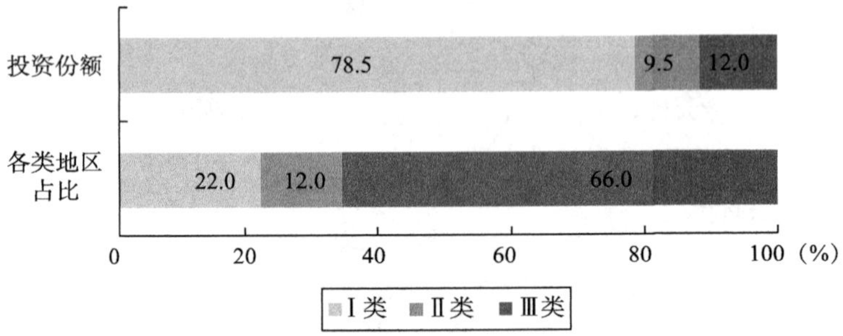

图3-86　商业保险投资分布

在Ⅰ类地区的22个国家中，投资指数大于2的国家有12个，对英国、新加坡、德国、泰国、法国、韩国、印度、俄罗斯、南非、意大利、蒙古国、瑞士等国的商业保险投资显著高于其他国家（见图3-87）。

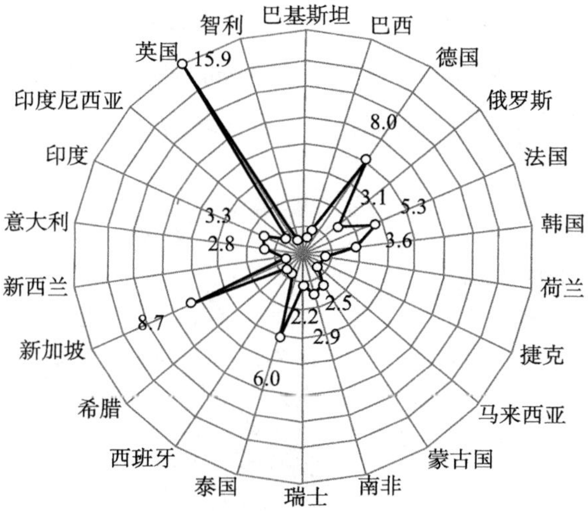

图 3-87　2017 年“一带一路”商业保险投资Ⅰ类国家

第六节　前沿领域投资分析

一、人工智能

在人工智能领域投资方面，Ⅰ类地区占 25.0%，Ⅱ类地区占 23.0%，Ⅲ类地区占 52.0%。且Ⅰ类国家的投资份额达到 74.5%，Ⅱ类国家的投资份额为 15.2%，Ⅲ类国家的投资份额仅为 10.3%（见图 3-88）。

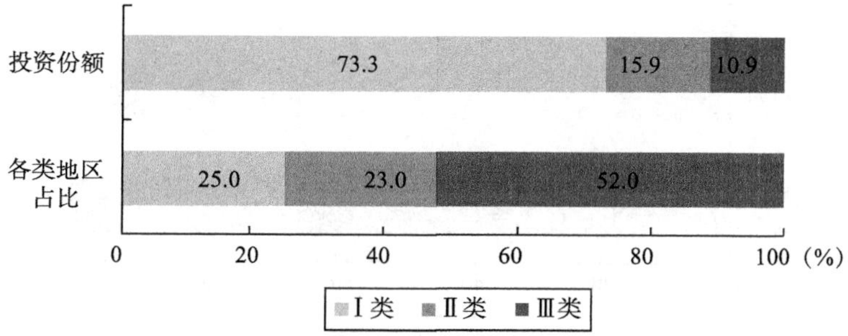

图 3-88　人工智能投资分布

在I类地区的25个国家中，投资指数大于2的国家有14个，对英国、德国、法国、印度、俄罗斯、韩国、新加坡、意大利、泰国、以色列、马来西亚、西班牙、荷兰、巴西等国的人工智能方面投资显著高于其他国家（见图3-89）。

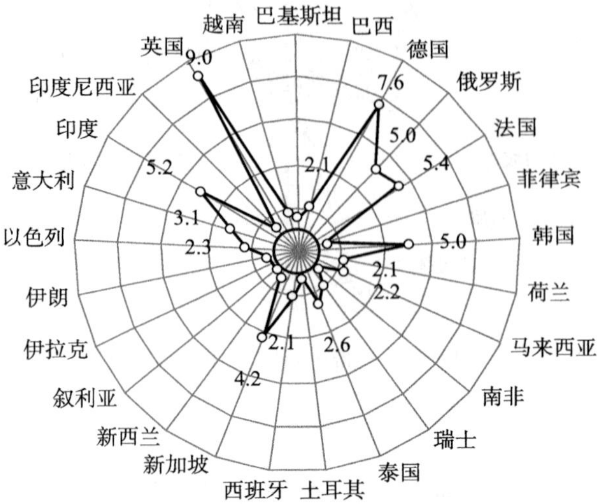

图3-89　2017年“一带一路”人工智能领域投资I类国家

二、大数据

在大数据领域投资方面，Ⅰ类地区约占25.0%，Ⅱ类地区占22.0%，Ⅲ类地区占53.0%，且Ⅰ类国家的投资份额达到74.9%，Ⅱ类国家的投资份额为14.8%，Ⅲ类国家的投资份额仅为10.2%（见图3-90）。

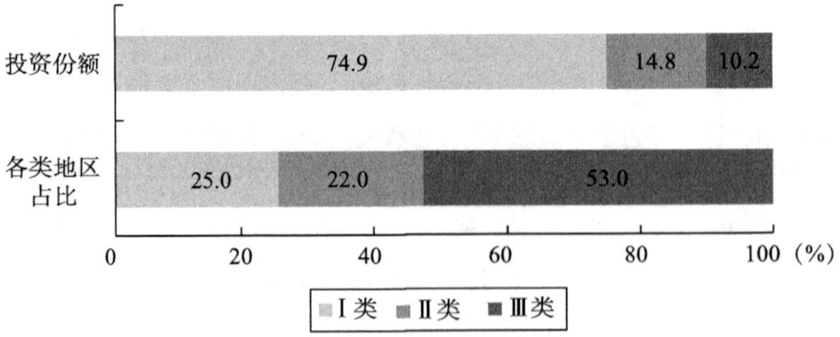

图3-90　大数据领域投资分布

在Ⅰ类地区的25个国家中，投资指数大于2的国家有14个，对德国、英国、新加坡、俄罗斯、法国、韩国、印度、泰国、马来西亚、意大利、越南、以色列、荷兰、巴西等国的大数据方面投资显著高于其他国家（见图3-91）。

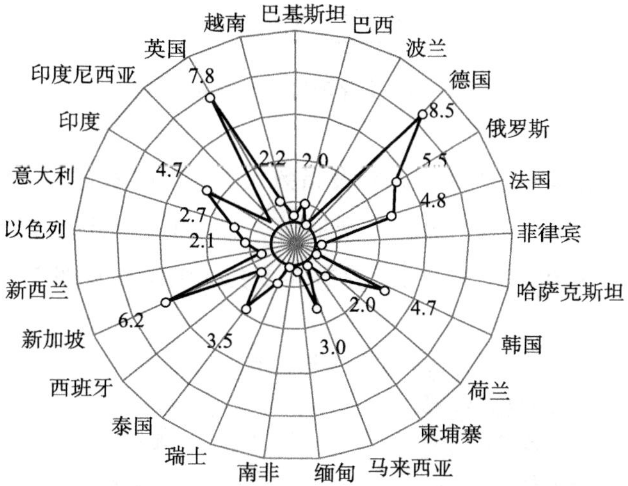

图3-91　2017年"一带一路"大数据领域投资Ⅰ类国家

第七节　其他领域

一、文化教育

在文化教育领域投资方面，Ⅰ类地区约占29.0%，Ⅱ类地区约占20.0%，Ⅲ类地区占51.0%，且Ⅰ类国家的投资份额达到75.6%，Ⅱ类国家的投资份额为13.6%，Ⅲ类国家的投资份额仅为10.8%（见图3-92）。

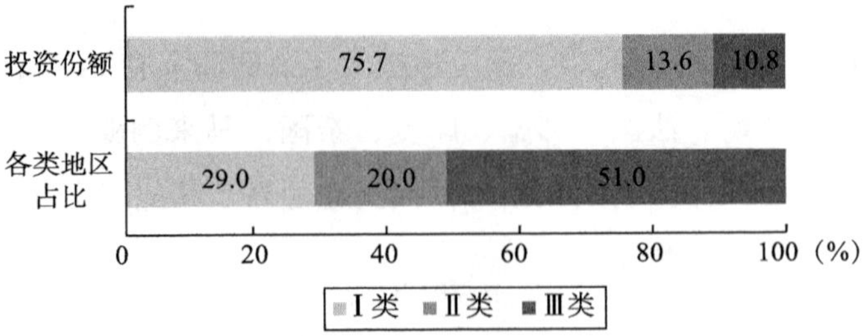

图 3-92　文化教育领域投资分布

在Ⅰ类地区的29个国家中，投资指数大于2的国家有12个，对英国、德国、俄罗斯、法国、韩国、印度、新加坡、意大利、泰国、马来西亚、西班牙、荷兰等国的文化教育领域投资显著高于其他国家（见图3-93）。

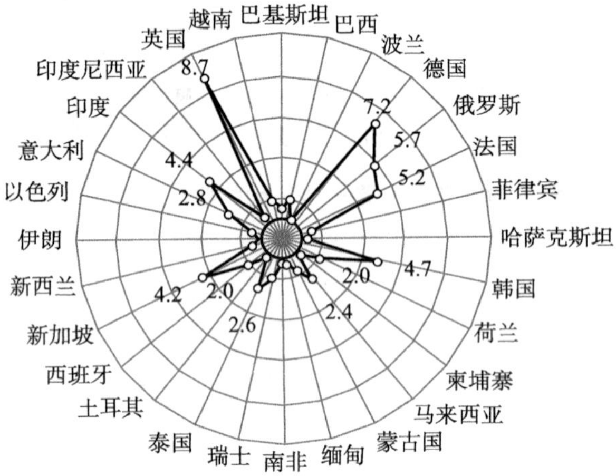

图 3-93　2017 年“一带一路”文化教育领域投资Ⅰ类国家

二、医疗卫生

在医疗卫生领域投资方面，Ⅰ类地区约占30.0%，Ⅱ类地区约占15.0%，Ⅲ类地区占55.0%，且Ⅰ类国家的投资份额达到78.0%，Ⅱ类国家的投资份额为10.2%，Ⅲ类国家的投资份额为11.8%（见图3-94）。

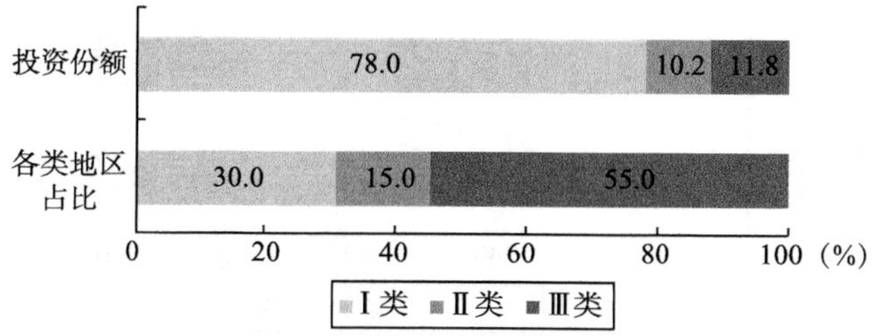

图 3-94　医疗卫生领域投资分布

在Ⅰ类地区的30个国家中，投资指数大于2的国家有12个，对英国、德国、俄罗斯、法国、韩国、印度、新加坡、泰国、马来西亚、意大利、越南、巴西等国的医疗卫生领域投资显著高于其他国家（见图3-95）。

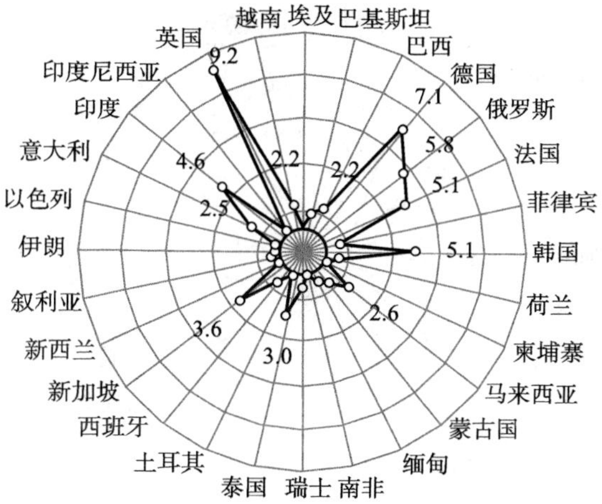

图 3-95　2017年"一带一路"医疗卫生领域投资Ⅰ类国家

三、旅游产业

在旅游产业投资方面，Ⅰ类地区约占29.0%，Ⅱ类地区约占21.0%，Ⅲ类地区占50.0%，且Ⅰ类国家的投资份额达到74.7%，Ⅱ类国家的投资份额为14.3%，Ⅲ类国家的投资份额仅为11.1%（见图3-96）。

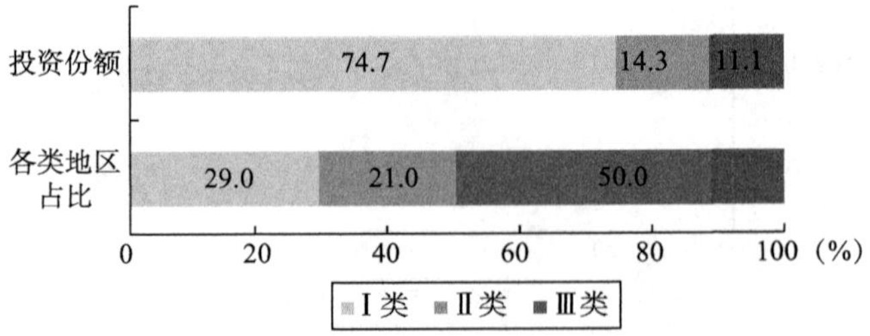

图 3-96　旅游产业投资分布

在Ⅰ类地区的29个国家中，投资指数大于2的国家有13个，对俄罗斯、英国、德国、法国、韩国、泰国、印度、新加坡、马来西亚、越南、意大利、菲律宾、瑞士等国家的旅游产业投资显著高于其他国家（见图3-97）。

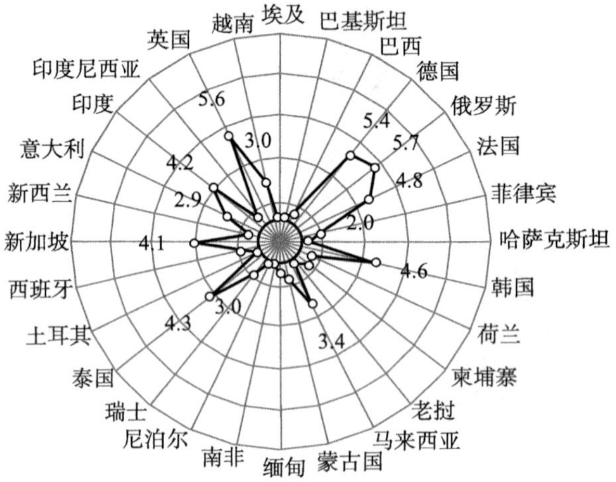

图 3-97　2017年“一带一路”旅游产业投资Ⅰ类国家

第八节　小结

本章通过对“一带一路”产业投资中的能源领域、交通运输领域、通信产业、农业、金融领域、文化教育、医疗卫生、旅游产业及人工智能、大数据等前沿领域分别就投资份额及投资重点国家深入分析，得出以下结论：

（1）响应“一带一路”倡议国家75%的产业投资规模还集中在少数国家（25%）中，大多数国家产业投资还处于初期。

（2）响应“一带一路”倡议国家产业投资水平差异较大，平均差异水平为6倍以上。

第四章　响应“一带一路”倡议国家营商指数

国家营商环境是产业投资考虑的首要问题，营商环境关系企业产业投资成本、效益、风险、生命周期各个方面，是产业投资的基础。本章通过构造营商指数，对响应“一带一路”倡议国家的营商环境进行量化评估，为企业产业投资提供参考。

第一节　营商指数

一、指标体系

营商环境直接与企业投资效益挂钩，营商指数综合世界银行营商环境指标体系，在考虑响应“一带一路”倡议国家的法治、市场发展、基础要素、支撑体系的基础上，从国家安全、企业生存环境、市场环境、基础设施、社会服务环境等五个方面构建指标体系，并且，综合统计数据表现及公众认知两个维度，以期更全面地用大数据方法量化营商指数。

在统计数据表现方面，营商指数指标体系包括国家安全、企业生存环境、市场环境、基础设施、社会服务环境等五个方面。国家安全用来衡量国家政治安全程度，包括国家秩序、债务风险、法律风险、政治风险等四个方面；企业生存环境用来衡量企业各生命周期便利程度，包括开办企业便利度、执行合同成本、管理成本、税负水平、财产登记便利度、办理破产便利度、营商便利度七个方面；市场环境用来衡量地区经济发展程度及市场需求情况，包括经济水平、商品贸易水平、金融水平、人力资源水平、对外开放水平、旅游水平六个方面；基础设施用来衡量地区企业发展配套设施的支撑水平，包括交通基础设施、通信基础设施、物流水平三个方面；社会服务环境用来衡量地区的宜居程度，包括医疗卫生水平、教育水平、能源资源、生态资源四个方面。综合考虑以上因素，构建由五个一级指标、24 个二级指标、60 个三级指标构成的营商环境体系，见表 4-1。

表 4-1　统计数据营商指数指标体系

一级指标	二级指标	三级指标	数据来源
国家安全	国家秩序	因战死亡人数	世界银行
		国际谋杀犯罪率	世界银行
	债务风险	政府净债务占 GDP 比重	世界银行
	法律风险	法律权利力度指数	世界银行
	政治风险	领导互访频次	新闻数据
企业生存环境	开办企业便利度	程序	世界银行
		时间	世界银行
		新注册企业数量	世界银行
	执行合同成本	时间	世界银行
		成本	世界银行
	管理成本	用于应付官员的管理时间	世界银行
	税负水平	税收收入/GDP	世界银行
	财产登记便利度	程序	世界银行
		时间	世界银行
		成本	世界银行
	办理破产便利度	回收率	世界银行
	营商便利度	企业信息披露程度指数	世界银行
		征信信息深度指数	世界银行
		营商便利指数	世界银行

续表

一级指标	二级指标	三级指标	数据来源
市场环境	经济水平	GDP	世界银行
		人均 GDP	世界银行
		第三产业增加值占 GDP 比率	世界银行
		GDP 增长率	世界银行
		失业率	世界银行
	商品贸易水平	商品贸易量	世界银行
		货物和服务进口量	世界银行
	金融水平	股票市值/GDP	世界银行
		通货膨胀率	世界银行
		汇率变化	世界银行
		银行不良贷款率	世界银行
	人力资源水平	劳动参与率	世界银行
		劳动力数量	世界银行
		R&D 研究人员	世界银行
		每 100 万人中研发技术人员数量	世界银行
		成年人识字率	世界银行
	对外开放水平	国际贸易税占总税收比例	世界银行
		进口成本	世界银行
		进口文件数量	世界银行
		进口周转时间	世界银行
		外资流入/GDP	世界银行
	旅游水平	入境旅游人数	世界银行
		国际旅游收入	世界银行
基础设施	交通基础设施	货柜码头吞吐量	世界银行
		航空运输量	世界银行
		铁路里程	世界银行
	通信基础设施	通电率	世界银行
		安全互联网服务器数量	世界银行
	物流水平	物流绩效指数	世界银行

续表

一级指标	二级指标	三级指标	数据来源
社会服务环境	医疗卫生水平	医疗卫生总支出/GDP	世界银行
		人均医疗卫生支出	世界银行
		公共医疗卫生支出比率	世界银行
		每千人医生数量	世界银行
		疫苗接种率	世界银行
		传染病感染率	世界银行
	教育水平	公共教育支出	世界银行
	能源资源	能源使用量	世界银行
		耗电量	世界银行
	生态资源	人均淡水资源量	世界银行
		森林面积比率	世界银行
		二氧化碳排放量	世界银行

在公众认知方面，营商指数指标体系也包括国家安全、企业生存环境、市场环境、基础设施、社会服务环境等五个方面。国家安全用来衡量公众对国家安全的认知，包括国家秩序、国家运行、外交关系、债务风险、法律风险等五个方面；企业生存环境用来衡量公众对企业在各生命周期运行的便利程度的认知，包括开办企业、执行合同、税负水平、财产登记、外资环境、破产清算等六个方面；市场环境用来衡量公众对地区经济发展程度及市场需求情况的认知，包括经济水平、金融水平、人力资源水平、贸易水平、旅游水平五个方面；基础设施用来衡量公众对地区企业发展配套设施的支撑水平的认知，包括交通基础设施、能源资源禀赋、通信基础设施三个方面；社会服务环境用来衡量公众对地区的宜居程度的认知，包括医疗卫生、教育水平、生活资源、生态环境四个方面。综合考虑以上因素，构建由 5 个一级指标、23 个二级指标、267 个三级关键词构成的营商环境体系（见表 4-2）。

表 4-2　公众认知营商指数指标体系

一级指标	二级指标
国家安全	国家秩序
	国家运行
	外交关系
	债务风险
	法律风险
企业生存环境	开办企业
	执行合同
	税负水平
	财产登记
	外资环境
	破产清算
市场环境	经济水平
	金融水平
	人力资源水平
	贸易水平
	旅游水平
基础设施	交通基础设施
	能源资源禀赋
	通信基础设施
社会服务环境	医疗卫生
	教育水平
	生活资源
	生态环境

二、指标说明

国家秩序用因战死亡人数、国际谋杀犯罪率来综合反映，与国家秩序呈负相关关系。

债务风险用政府净债务占 GDP 比重来反映，与债务风险呈负相关关系。

法律风险用法律权利力度指数反映，数据来源于世界银行，与法律风险呈负相关关系。

政治风险用领导互访频次反映，来源于外交部网站（新闻数据），与政治风险呈正相关关系。

开办企业便利度利用开办企业的程序、时间、新注册企业数量三个指标综合反映，其中开办企业的程序、时间与开办企业便利度呈负相关关系，新注册企业数量与开办企业便利度呈正相关关系。

执行合同成本利用执行合同所需时间和成本来反映，与执行合同成本呈负相关关系。

管理成本利用企业用于应付官员的管理时间反映，与管理成本呈负相关关系。

税负水平利用税收收入与 GDP 的比率来反映，与税负水平呈负相关关系。

财产登记便利度利用财产登记的程序数量、时间、成本来反映，与财产登记便利度呈负相关关系。

办理破产水平利用企业资产破产申请回收率反映，与办理破产水平呈正相关关系。

营商便利度用企业信息披露程度指数、征信信息深度指数、营商便利指数第三方数据反映，与营商便利度呈正相关关系。

经济水平利用 GDP、人均 GDP、第三产业增加值占 GDP 比率、GDP 增长率、失业率等指标综合反映，与经济水平呈正相关关系。

商品贸易水平利用商品贸易量、货物和服务进口量反映，与贸易水平呈正相关关系。

金融水平利用股票市值/GDP、通货膨胀率、汇率变化、银行不良贷款率反映，其中股票市值/GDP 与金融水平呈正相关关系，其余指标与金融水平呈负相关关系。

人力资源水平利用劳动参与率、劳动力数量、R&D 研究人员、每 100 万人中研发技术人员数量、成年人识字率反映，与人力资源水平呈正相关关系。

对外开放水平利用国际贸易税占总税收比例、进口成本、进口文件数量、进口周转时间、外资流入/GDP 反映，其中，国际贸易税占总税收比例、外资流入/GDP 与对外开放水平呈正相关关系，其他指标与对外开放水平呈负相关关系。

旅游水平利用入境旅游人数、国际旅游收入反映，与旅游水平呈正相关关系。

交通基础设施利用货柜码头吞吐量、航空运输量、铁路里程综合反映，与交通基础设施水平呈正相关关系。

通信基础设施利用通电率、安全互联网服务器数量反映，与通信基础设施水平呈正相关关系。

物流水平利用物流绩效指数反映，与物流水平呈正相关关系。

医疗卫生水平利用医疗卫生总支出/GDP、人均医疗卫生支出、公共医疗卫生支出比率、每千人医生数量、疫苗接种率、传染病感染率综合反映，其中，传染病感染率与医疗卫生水平呈负相关关系，其余指标与医疗卫生水平呈正相关关系。

教育水平利用公共教育支出反映，与教育水平呈正相关关系。

能源资源水平利用能源使用量、耗电量综合反映，与能源资源水平呈正相关关系。

生态资源水平利用人均淡水资源量、森林面积比率、二氧化碳排放量反映，与生态资源水平呈正相关关系。

三、数据处理

为解决不同性质的数据直接加总不能反映不同作用力综合作用的问题，在进行数据分析之前，需要先将数据标准化。本书采用无量纲化处理方法，消除数据的个体化特征对研究结果的影响，解决数据的可比性问题。数据标准化的方法常用的有“Z-score 标准化”和“离差标准化”，本书采用“离差标准化”，即：

$$x_i = \frac{X_i - x_{\min}}{x_{\max} - x_{\min}} \qquad (4-1)$$

第二节　营商指数分析

本节在营商指数指标体系基础上，对原始数据进行清洗、数据预处理，采用“离差标准化”方法进行标准化处理，对各维度指数采用百分制计算，得出各国营商指数。

一、综合指数

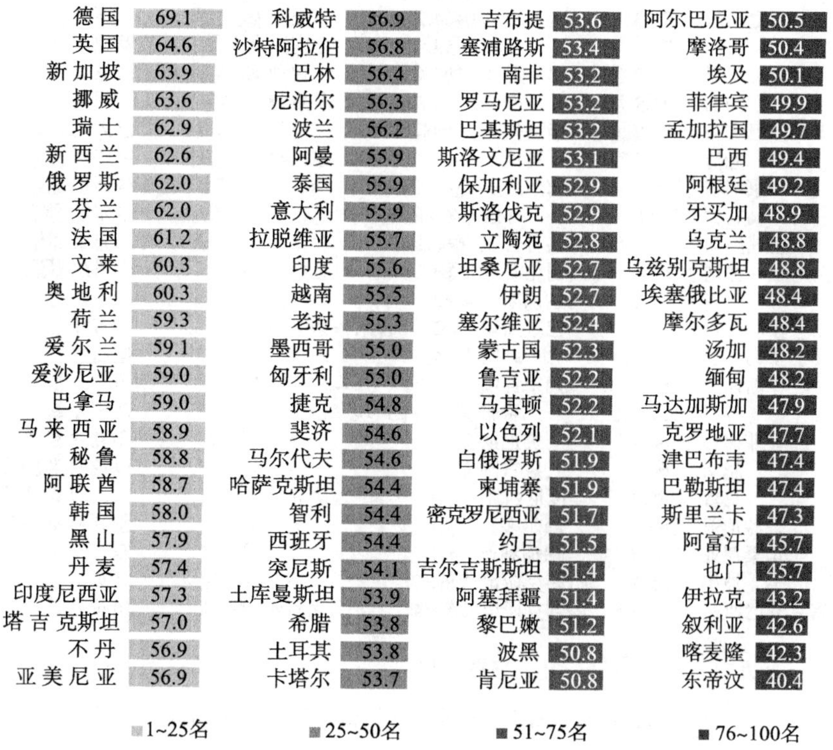

图 4-1　响应“一带一路”倡议国家营商环境综合指数

由图 4-1 可知，营商综合指数得分最高的是德国，为 69. 1 分；得分最低的是东帝汶，为 40. 4 分；平均得分为 53. 8 分，分差为 28. 7 分。综合指数高于 60 分的国家共有 11 个，分别为德国、英国、新加坡、挪威、瑞士、新西兰、俄罗斯、芬兰、法国、文莱、奥地利，得分分别为 69. 1 分、64. 6 分、63. 9 分、63. 6 分、62. 9 分、62. 6 分、62. 0 分、62. 0 分、61. 2 分、60. 3 分、60. 3 分；大于 55 分小于 60 分的国家共有 28 个；大于 50 分小于 55 分的国家共有 39 个；小于 50 分的国家共有 22 个。

二、国家安全指数

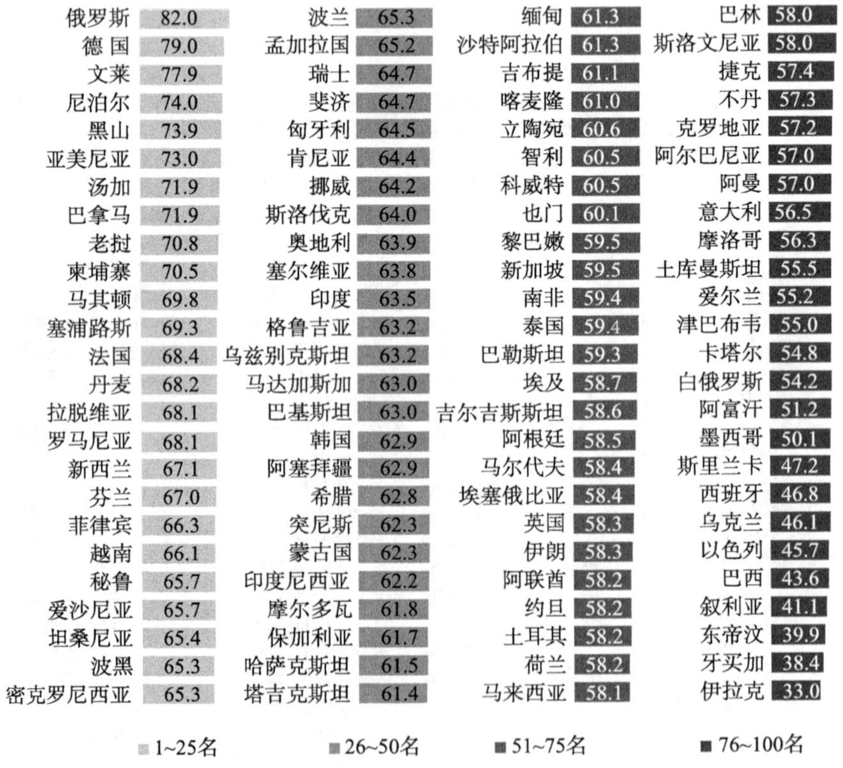

图 4-2 响应“一带一路”倡议国家安全指数

由图 4-2 可知，国家安全指数得分最高的是俄罗斯，为 82.0 分；得分最低的是伊拉克，为 33.0 分，分差为 49.0 分。仅俄罗斯一个国家的得分高于 80 分；大于 70 分小于 80 分的国家共有 9 个，分别为德国、文莱、尼泊尔、黑山、亚美尼亚、汤加、巴拿马、老挝、柬埔寨，得分分别为 79.0 分、77.9 分、74.0 分、73.9 分、73.0 分、71.9 分、71.9 分、70.8 分、70.5 分；大于 60 分小于 70 分的国家共有 48 个；大于 50 分小于 60 分的国家共有 33 个；小于 50 分的国家共有 9 个，分别为斯里兰卡、西班牙、乌克兰、以色列、巴西、叙利亚、东帝汶、牙买加、伊拉克。

三、企业生存环境指数

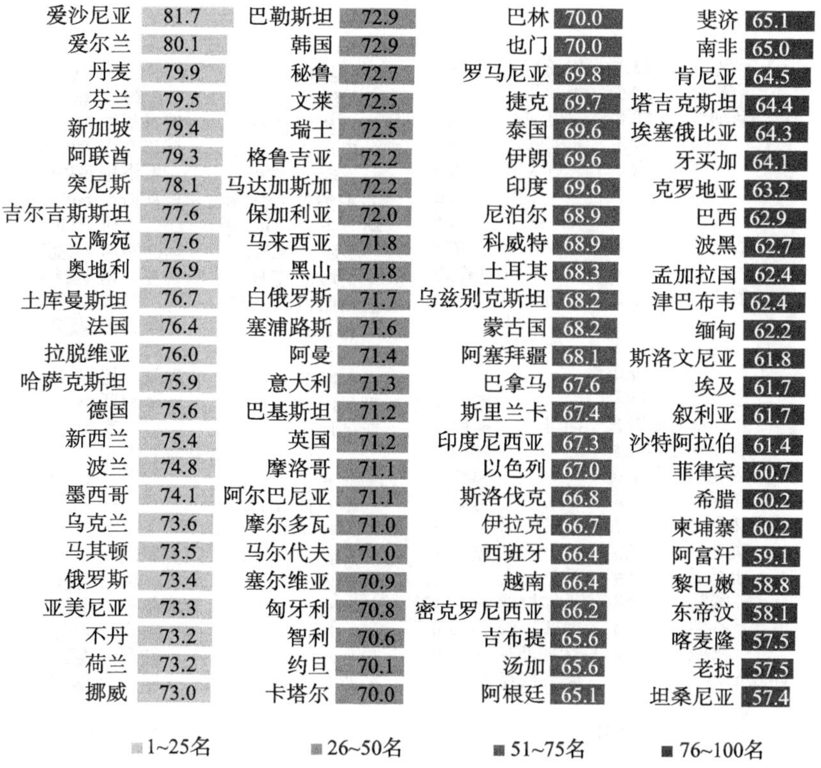

图 4-3　响应“一带一路”倡议国家企业生存环境指数

由图 4-3 可知，企业生存环境指数得分最高的为爱沙尼亚，81.7 分；得分最低的为坦桑尼亚，57.4 分，分差为 24.3 分。共有爱沙尼亚和爱尔兰 2 个国家指数高于 80.0 分，大于 75 分小于 80 分的国家共有 14 个，分别为丹麦、芬兰、新加坡、阿拉伯联合酋长国、突尼斯、吉尔吉斯斯坦、立陶宛、奥地利、土库曼斯坦、法国、拉脱维亚、哈萨克斯坦、德国、新西兰，得分分别为 79.9 分、79.5 分、79.4 分、79.3 分、78.1 分、77.6 分、77.6 分、76.9 分、76.7 分、76.4 分、76.0 分、75.9 分、75.6 分、75.4 分；大于 70 分小于 75 分的国家共有 36 个；大于 60 分小于 70 分的国家共有 42 个；小于 60 分的国家共有 6 个，分别是阿富汗、黎巴嫩、东帝汶、喀麦隆、老挝、坦桑尼亚。

四、市场环境指数

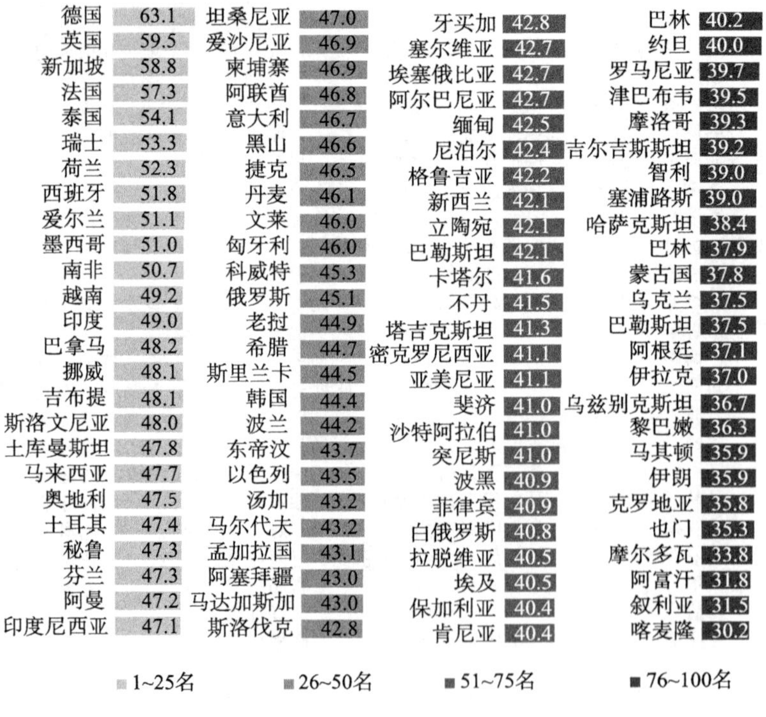

图 4-4 响应“一带一路”倡议国家市场环境指数

由图 4-4 可知，市场环境指数得分最高的是德国，为 63.1 分；得分最低的是喀麦隆，为 30.2 分，分差为 32.9 分。仅德国分数高于 60 分；分数大于 50 分小于 60 分的国家共有 10 个，分别为英国、新加坡、法国、泰国、瑞士、荷兰、西班牙、爱尔兰、墨西哥、南非，得分分别为 59.5 分、58.8 分、57.3 分、54.1 分、53.3 分、52.3 分、51.8 分、51.1 分、51.0 分、50.7 分；大于 40 分小于 50 分的国家共有 66 个；大于 35 分小于 40 分的国家共有 19 个；小于 35 分的国家共有 4 个，分别为摩尔多瓦、阿富汗、叙利亚及喀麦隆。

五、基础设施指数

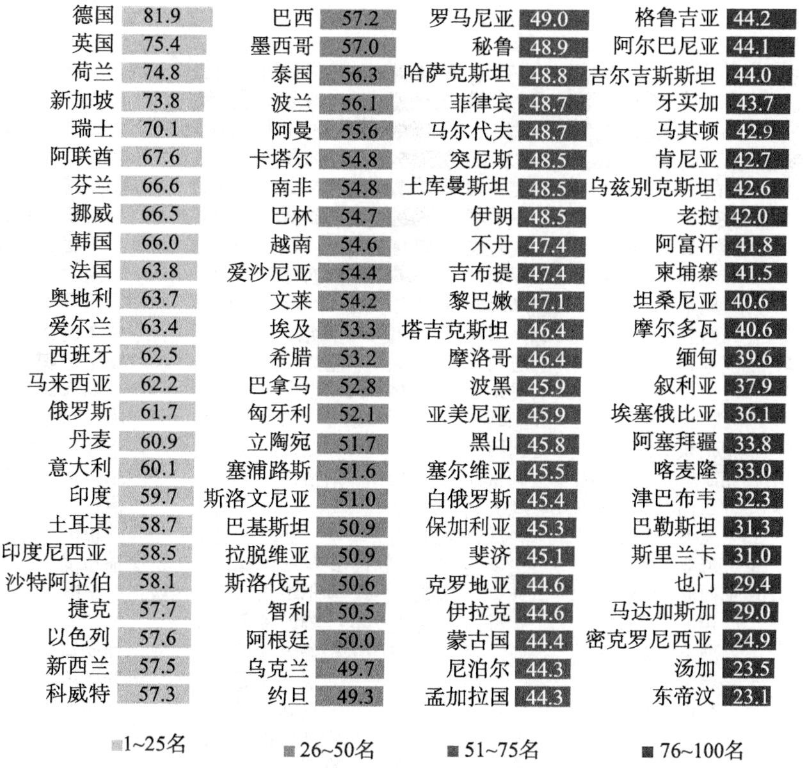

图 4-5　响应“一带一路”倡议国家基础设施指数

由图 4-5 可知，基础设施指数得分最高的为德国，81.9 分，得分最低的为东帝汶，23.1 分，分差为 58.8 分。仅德国分数高于 80 分；大于 70 分小于 80 分的国家共有 4 个，分别为英国、荷兰、新加坡、瑞士，得分分别为 75.4 分、74.8 分、73.8 分、70.1 分；大于 60 分小于 70 分的国家共有 12 个；大于 50 分小于 60 分的国家共有 31 个；大于 40 分小于 50 分的国家共有 39 个；小于 40 分的国家共有 13 个，分别为缅甸、叙利亚、埃塞俄比亚、阿塞拜疆、喀麦隆、津巴布韦、巴勒斯坦、斯里兰卡、也门、马达加斯加、密克罗尼西亚、汤加、东帝汶。

六、社会服务环境指数

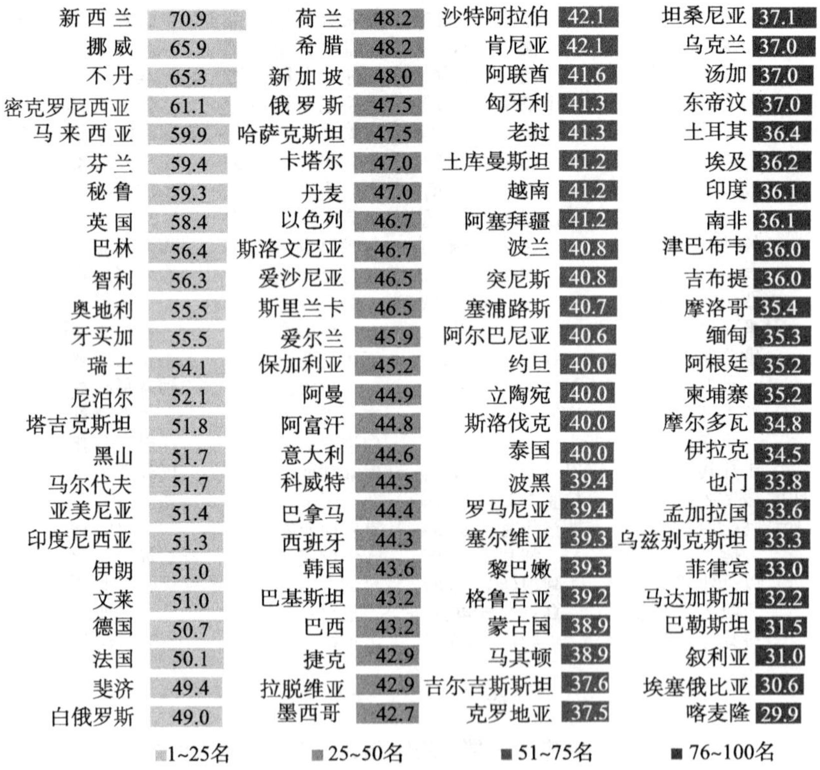

图 4-6 响应“一带一路”倡议国家社会服务环境指数

由图 4-6 可知，社会服务环境指数得分最高的是新西兰，为 70.9 分；得分最低的是喀麦隆，为 29.9 分，分差为 41.0 分。仅新西兰的分数高于 70 分；大于 60 分小于 70 分的国家也仅有 3 个，分别为挪威、不丹、密克罗尼西亚，得分分别为 65.9 分、65.3 分、61.1 分；大于 50 分小于 60 分的国家共有 19 个；大于 40 分小于 50 分的国家共有 43 个；大于 35 分小于 40 分的国家共有 23 个；小于 35 分的国家共有 11 个，分别为摩尔多瓦、伊拉克、也门、孟加拉国、乌兹别克斯坦、菲律宾、马达加斯加、巴勒斯坦、叙利亚、埃塞俄比亚、喀麦隆。

第五章　东南亚国家营商环境

第一节　各国营商环境分析

一、新加坡

新加坡营商环境指数为63. 9分。在构成营商环境指数的各维度中，企业生存环境、基础设施分别得79. 4分、73. 8分，是新加坡营商环境的优势；国家安全、市场环境、社会服务环境等维度得分较低，拉低了综合指数（见图5-1）。

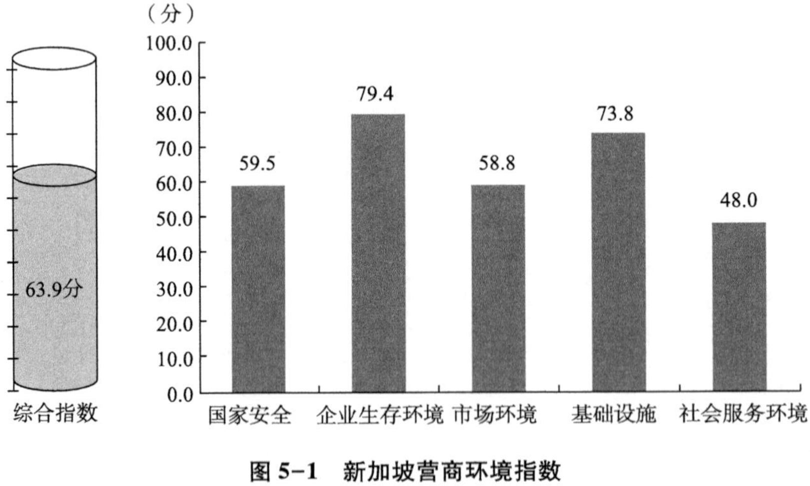

图5-1　新加坡营商环境指数

二、文莱

文莱营商环境指数为 60.3 分。在构成营商环境指数的各维度中，国家安全、企业生存环境分别得 77.9 分、72.5 分，是文莱营商环境的优势；市场环境、基础设施、社会服务环境等维度得分较低，拉低了综合指数（见图 5-2）。

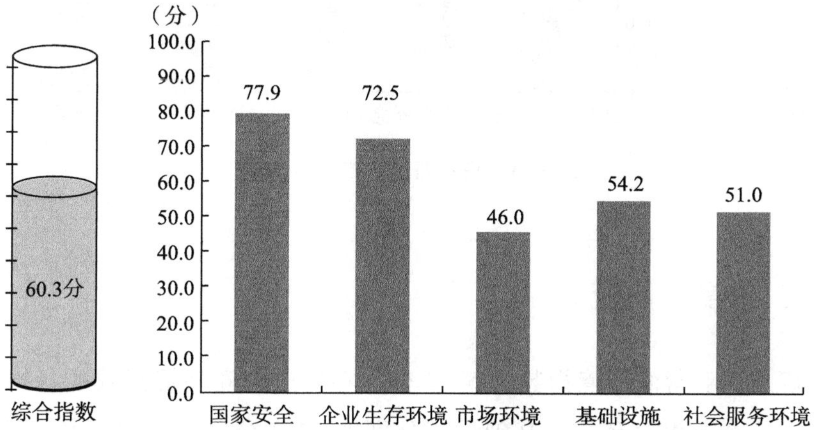

图 5-2　文莱营商环境指数

三、马来西亚

马来西亚营商环境指数为 58.9 分。在构成营商环境指数的各维度中，企业生存环境、基础设施分别得 71.8 分、62.2 分，是马来西亚营商环境的优势；国家安全、市场环境、社会服务环境维度得分较低，拉低了综合指数（见图 5-3）。

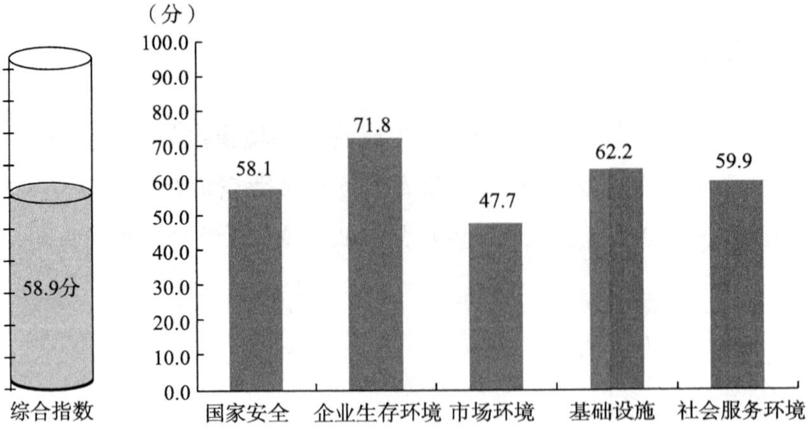

图 5-3　马来西亚营商环境指数

四、印度尼西亚

印度尼西亚营商环境指数为 57. 3 分。在构成营商环境指数的各维度中，国家安全、企业生存环境、基础设施分别得 62. 2 分、67. 3 分、58. 5 分，是印度尼西亚营商环境的优势；市场环境、社会服务环境维度得分较低，拉低了综合指数（见图 5-4）。

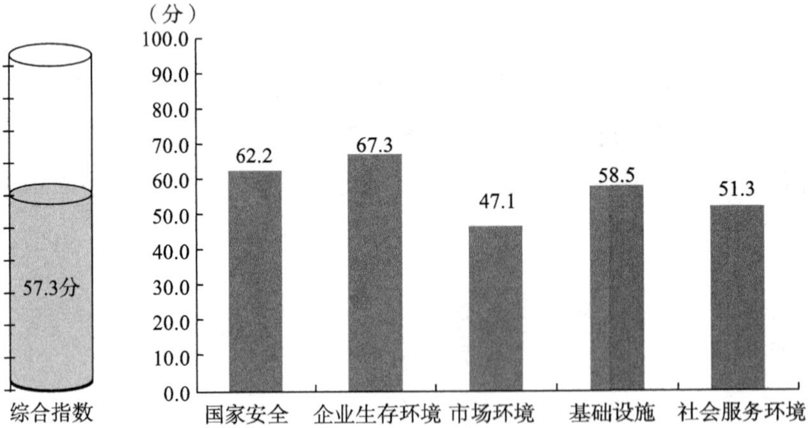

图 5-4　印度尼西亚营商环境指数

五、泰国

泰国营商环境指数为55.9分。在构成营商环境指数的各维度中，国家安全、企业生存环境、基础设施分别得59.4分、69.6分、56.3分，是泰国营商环境的优势；市场环境、社会服务环境维度得分较低，拉低了综合指数（见图5-5）。

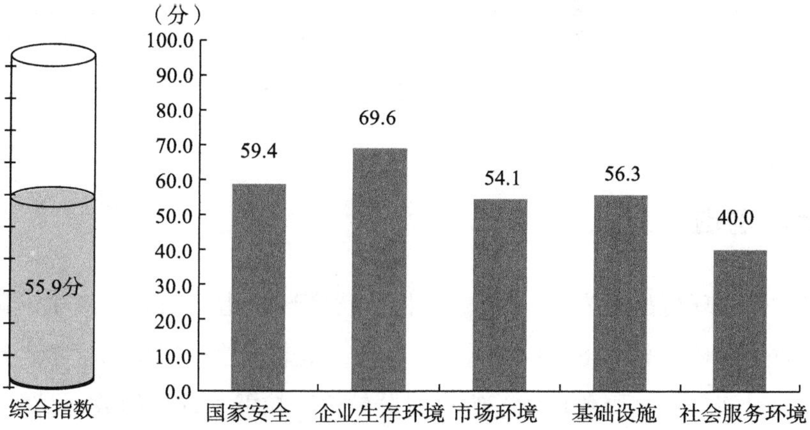

图5-5　泰国营商环境指数

六、越南

越南营商环境指数为55.5分。在构成营商环境指数的各维度中，国家安全、企业生存环境、基础设施分别得66.1分、66.4分、54.6分，是越南营商环境的优势，市场环境、社会服务环境维度得分较低，拉低了综合指数（见图5-6）。

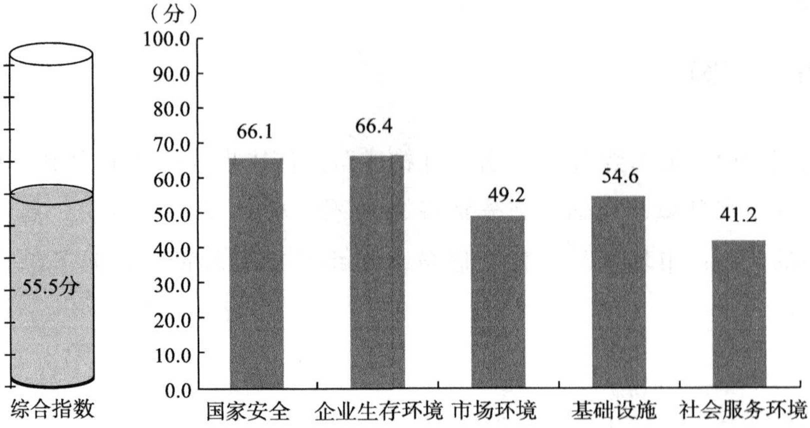

图 5-6　越南营商环境指数

七、老挝

老挝营商环境指数为 55.3 分。在构成营商环境指数的各维度中，国家安全、企业生存环境分别得 70.8 分、57.5 分，是老挝营商环境的优势；市场环境、基础设施、社会服务环境等维度得分较低，拉低了综合指数（见图 5-7）。

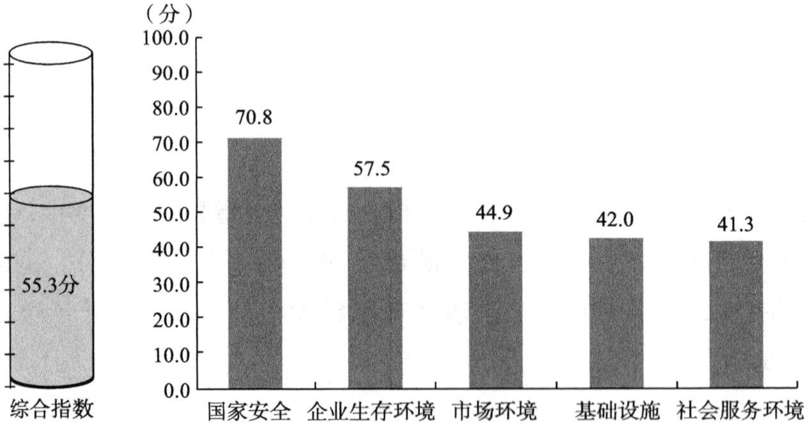

图 5-7　老挝营商环境指数

八、柬埔寨

柬埔寨营商环境指数为51.9分。在构成营商环境指数的各维度中，国家安全、企业生存环境分别得70.5分、60.2分，是柬埔寨营商环境的优势；市场环境、基础设施、社会服务环境等维度得分较低，拉低了综合指数（见图5-8）。

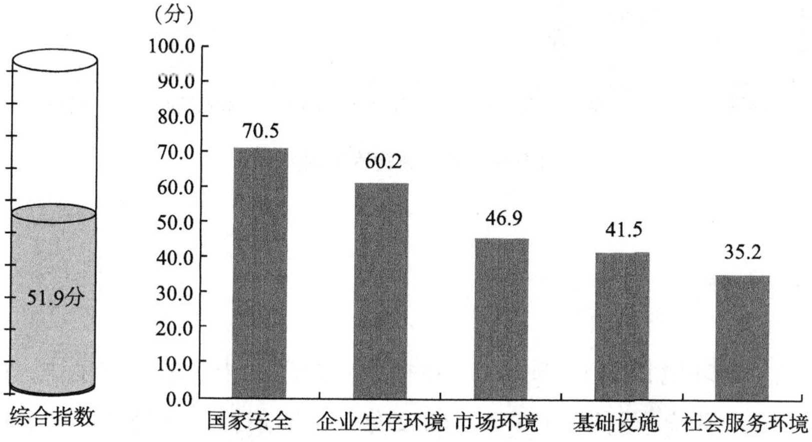

图5-8　柬埔寨营商环境指数

九、菲律宾

菲律宾营商环境指数为49.9分。在构成营商环境指数的各维度中，国家安全、企业生存环境分别得66.3分、60.7分，是菲律宾营商环境的优势；市场环境、基础设施、社会服务环境等维度得分较低，拉低了综合指数（见图5-9）。

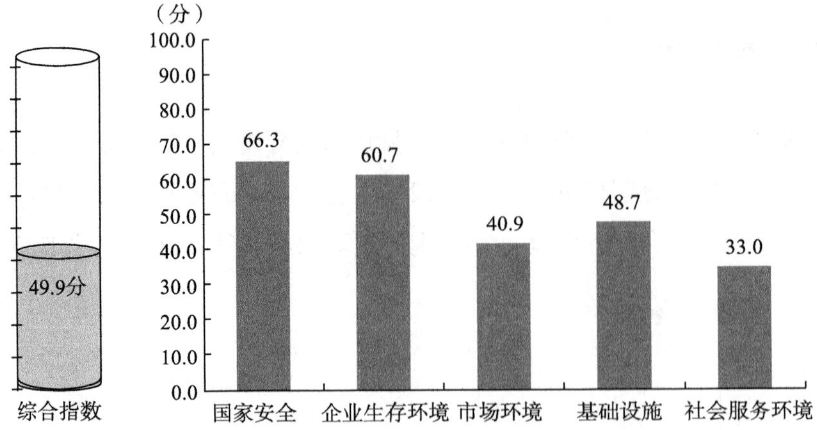

图 5-9 菲律宾营商环境指数

十、缅甸

缅甸营商环境指数为 48. 2 分。在构成营商环境指数的各维度中，国家安全、企业生存环境分别得 61. 3 分、62. 2 分，是缅甸营商环境的优势；市场环境、基础设施、社会服务环境等维度得分较低，拉低了综合指数（见图 5-10）。

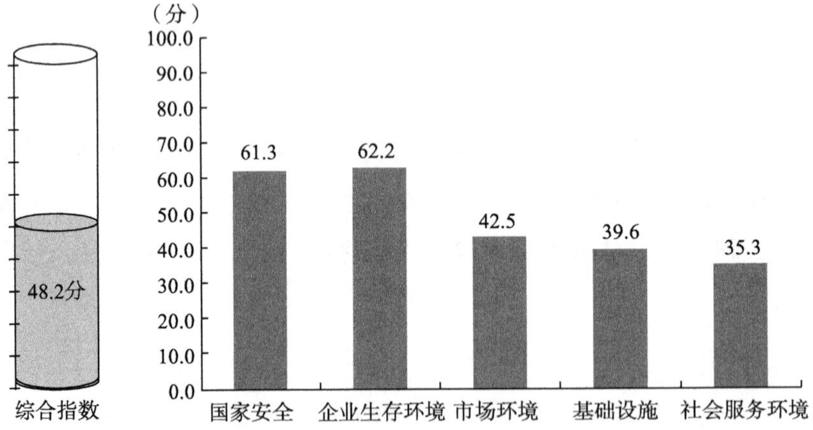

图 5-10 缅甸营商环境指数

十一、东帝汶

东帝汶营商环境指数为 40. 4 分。在构成营商环境指数的各维度中，企业生存环境、市场环境分别得 58. 1 分、43. 7 分，是东帝汶营商环境的优势；国家安全、基础设施、社会服务环境等维度得分较低，拉低了综合指数（见图 5-11）。

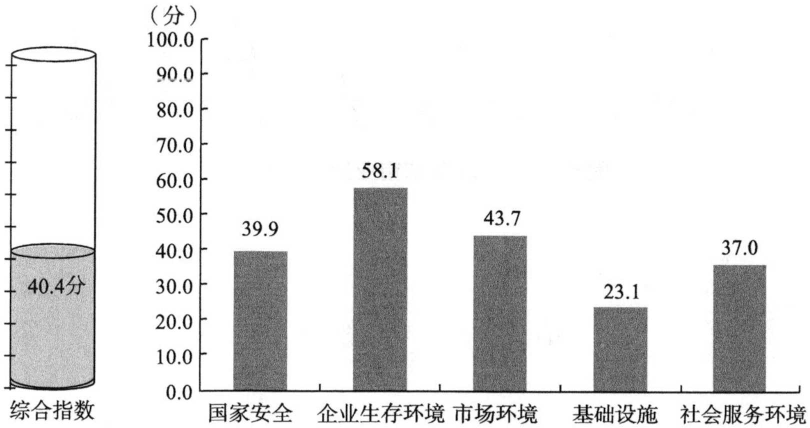

图 5-11　东帝汶营商环境指数

第二节　综合指数

东南亚国家营商指数平均得分 54. 3 分。新加坡营商指数最高，得分 63. 9 分；东帝汶最低，得分 40. 4 分。在东南亚国家中，综合指数高于平均值的国家共有 7 个，占比 63. 6%；低于平均值的国家有 4 个，占比 36. 4%（见图 5-12）。

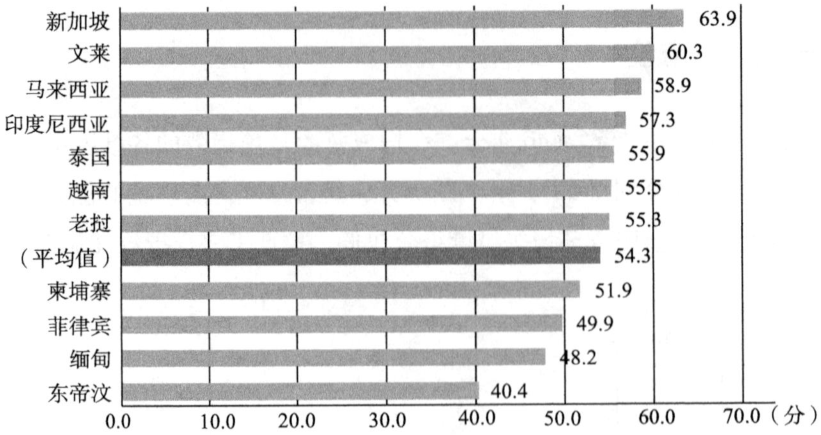

图 5-12　2017 年东南亚国家营商指数

第三节　指数构成

东南亚国家营商指数构成中，企业生存环境指数与国家安全指数对营商指数贡献较大，基础设施指数、市场环境指数次之，社会服务环境指数贡献较小。东南亚国家营商指数各维度中，柬埔寨的国家安全发展较好，比平均水平高 4. 3 个百分点；东帝汶的企业生存环境、市场环境发展较好，分别比平均水平高 4. 2 个、4. 0 个百分点；新加坡的基础设施发展较好，比平均水平高 4. 7 个百分点；马来西亚的社会服务环境发展较好，比平均水平高 4. 1 个百分点（见图5-13）。

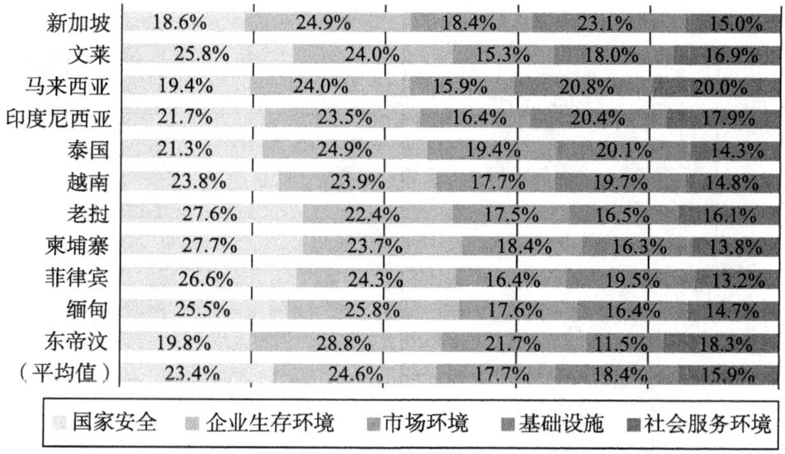

图 5-13　2017 年东南亚国家营商指数构成

第四节　均衡度

东南亚国家营商指数均衡性方面，东帝汶、柬埔寨、菲律宾的发展最不均衡。东帝汶的企业生存环境指数比重高于平均水平 4.2 个百分点，基础设施指数比重低于平均水平 6.9 个百分点；柬埔寨的国家安全指数比重高于平均水平 4.3 个百分点，社会服务环境指数比重低于平均水平 2.1 个百分点；菲律宾的国家安全指数比重高于平均水平 3.2 个百分点，社会服务环境指数比重低于平均水平 2.7 个百分点。相对而言，东南亚国家中马来西亚和印度尼西亚两国的各指数发展相对均衡（见图 5-14）。

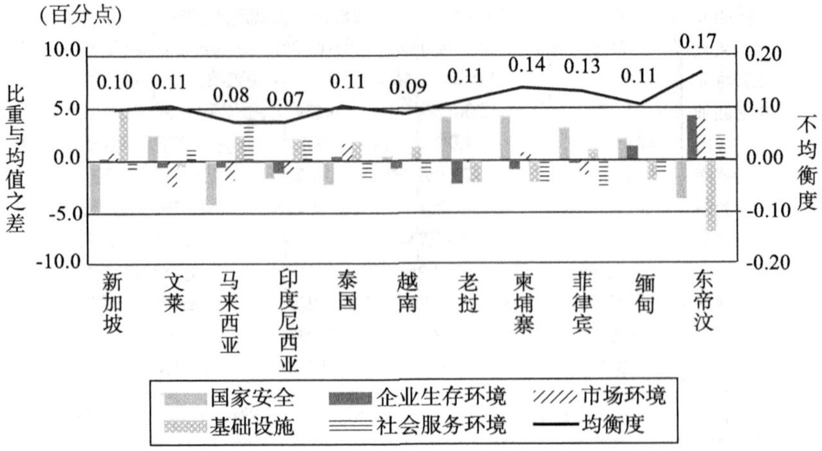

图 5-14　2017 年东南亚国家营商指数均衡度

第六章　中东国家营商环境

第一节　各国营商环境分析

一、阿拉伯联合酋长国

阿拉伯联合酋长国营商环境指数为58.7分。在构成营商环境指数的各维度中，企业生存环境、基础设施分别得79.3分、67.6分，是阿拉伯联合酋长国营商环境的优势；国家安全、市场环境、社会服务环境维度得分较低，拉低了综合指数（见图6-1）。

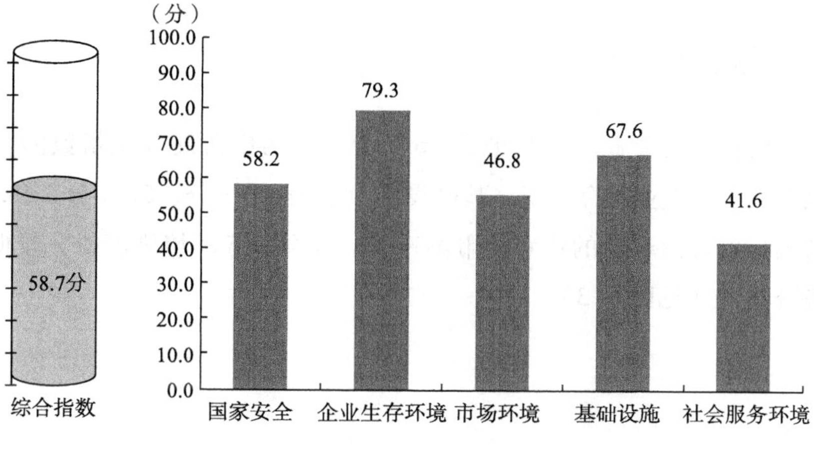

图6-1　阿拉伯联合酋长国营商环境指数

二、科威特

科威特营商环境指数为56.9分。在构成营商环境指数的各维度中，国家安全、企业生存环境、基础设施分别得60.5分、68.9分、57.3分，是科威特营商环境的优势；市场环境、社会服务环境维度得分较低，拉低了综合指数（见图6-2）。

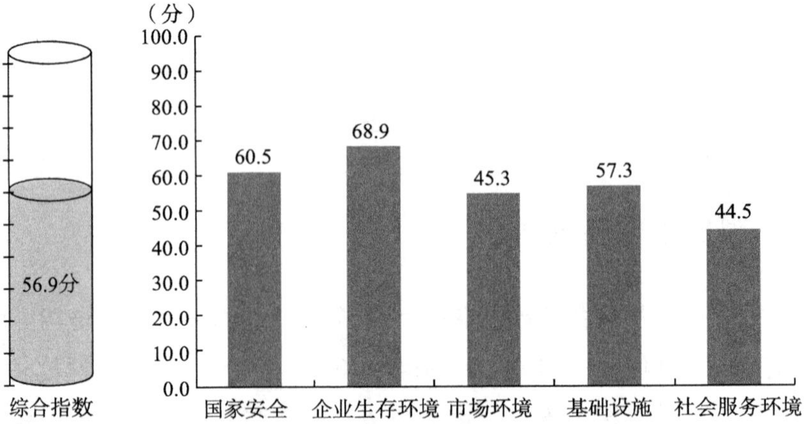

图6-2 科威特营商环境指数

三、沙特阿拉伯

沙特阿拉伯的营商环境指数为56.8分。在构成营商环境指数的各维度中，国家安全、企业生存环境、基础设施分别得61.3分、61.4分、58.1分，是沙特阿拉伯营商环境的优势；市场环境、社会服务环境维度得分较低，拉低了综合指数（见图6-3）。

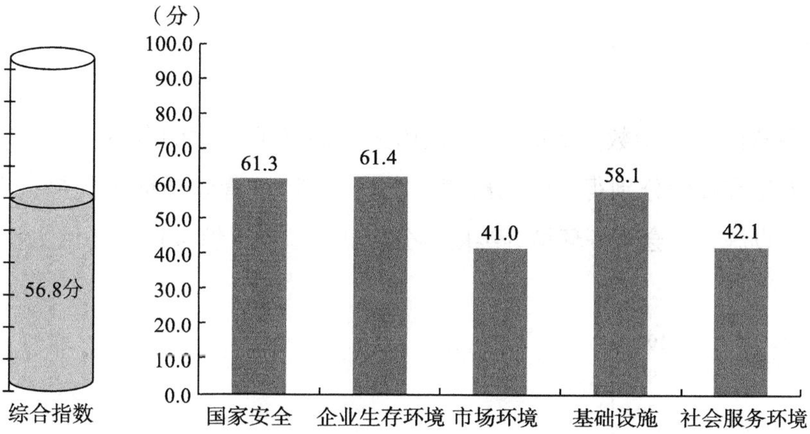

图 6-3　沙特阿拉伯营商环境指数

四、巴林

巴林营商环境指数为 56. 4 分。在构成营商环境指数的各维度中，国家安全、企业生存环境、社会服务环境分别得 58. 0 分、70. 0 分、56. 4 分，是巴林营商环境的优势；市场环境、基础设施维度得分较低，拉低了综合指数（见图 6-4）。

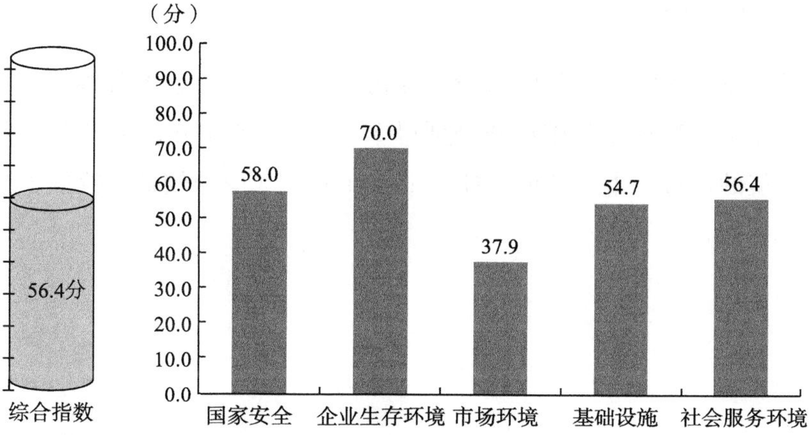

图 6-4　巴林营商环境指数

五、阿曼

阿曼营商环境指数为55.9分。在构成营商环境指数的各维度中，国家安全、企业生存环境分别得57.0分、71.4分，是阿曼营商环境的优势；市场环境、基础设施、社会服务环境等维度得分较低，拉低了综合指数（见图6-5）。

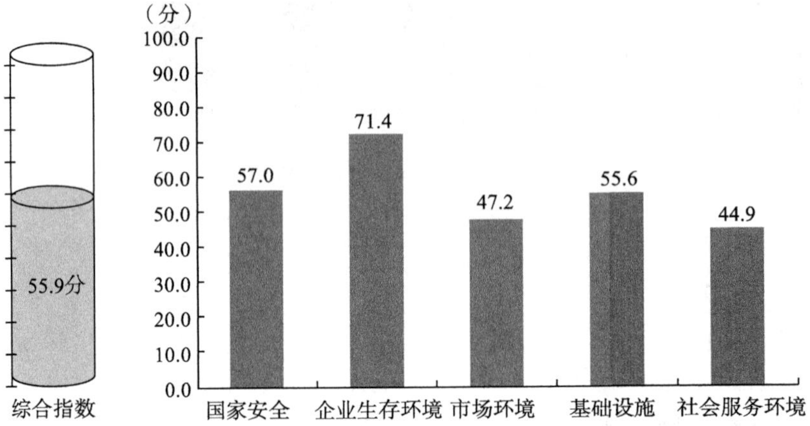

图6-5 阿曼营商环境指数

六、土耳其

土耳其营商环境指数为53.8分。在构成营商环境指数的各维度中，国家安全、企业生存环境、基础设施分别得58.2分、68.3分、58.7分，是土耳其营商环境的优势；市场环境、社会服务环境维度得分较低，拉低了综合指数（见图6-6）。

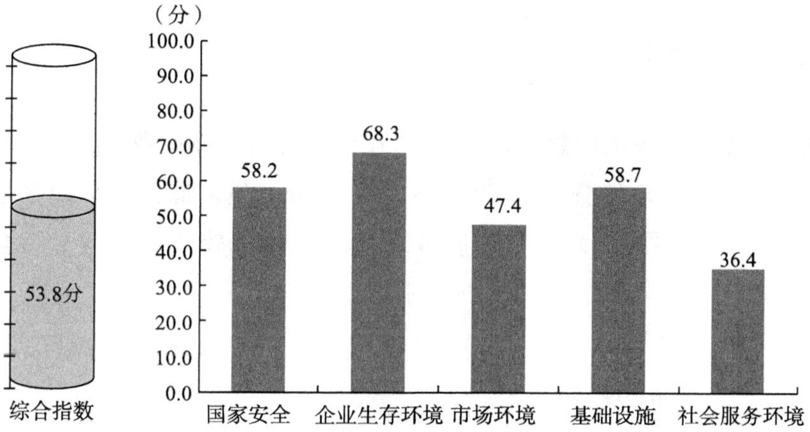

图 6-6　土耳其营商环境指数

七、卡塔尔

卡塔尔营商环境指数为 53. 7 分。在构成营商环境指数的各维度中，国家安全、企业生存环境、基础设施分别得 54. 8 分、70. 0 分、54. 8 分，是卡塔尔营商环境的优势；市场环境、社会服务环境维度得分较低，拉低了综合指数（见图 6-7）。

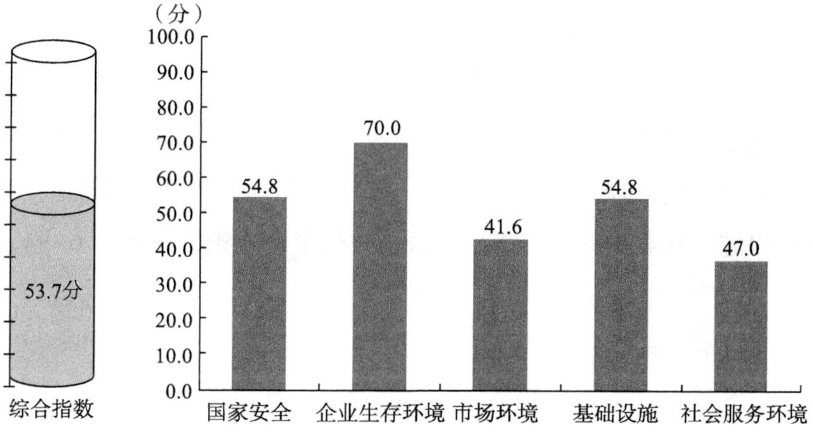

图 6-7　卡塔尔营商环境指数

八、塞浦路斯

塞浦路斯营商环境指数为53.4分。在构成营商环境指数的各维度中，国家安全、企业生存环境分别得69.3分、71.6分，是塞浦路斯营商环境的优势；市场环境、基础设施、社会服务环境维度得分较低，拉低了综合指数（见图6-8）。

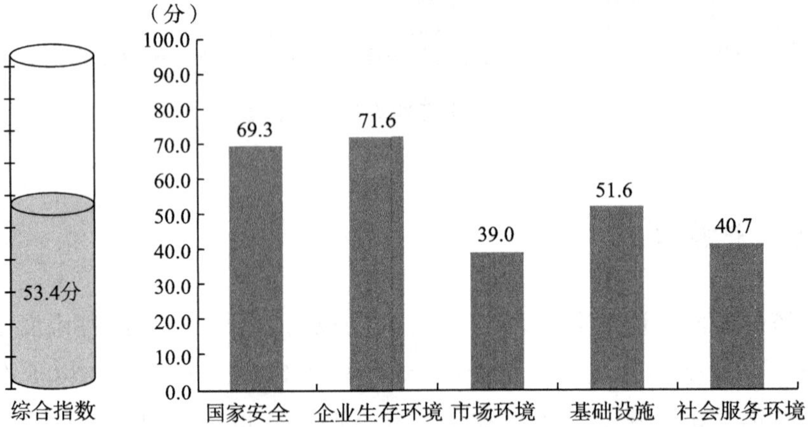

图6-8 塞浦路斯营商环境指数

九、伊朗

伊朗营商环境指数为52.7分。在构成营商环境指数的各维度中，国家安全、企业生存环境分别得58.3分、69.6分，是伊朗营商环境的优势；市场环境、基础设施、社会服务环境得分较低，拉低了综合指数（见图6-9）。

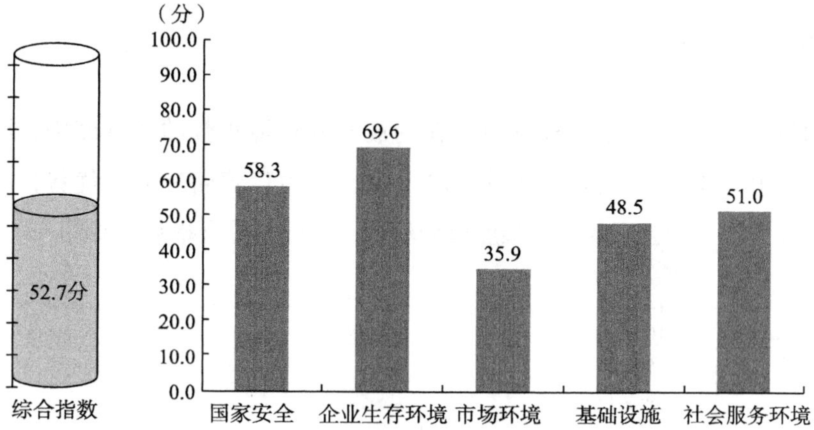

图 6-9　伊朗营商环境指数

十、以色列

以色列营商环境指数为 52. 1 分。在构成营商环境指数的各维度中，企业生存环境、基础设施分别得 67. 0 分、57. 6 分，是以色列营商环境的优势；国家安全、市场环境、社会服务环境维度得分较低，拉低了综合指数（见图 6-10）。

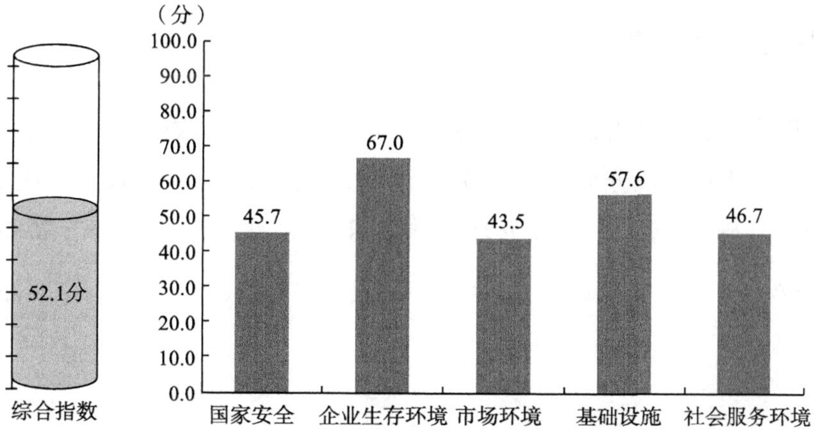

图 6-10　以色列营商环境指数

十一、约旦

约旦营商环境指数为 51.5 分。在构成营商环境指数的各维度中，国家安全、企业生存环境分别得 58.2 分、70.1 分，是约旦营商环境的优势；市场环境、基础设施、社会服务环境维度得分较低，拉低了综合指数（见图 6-11）。

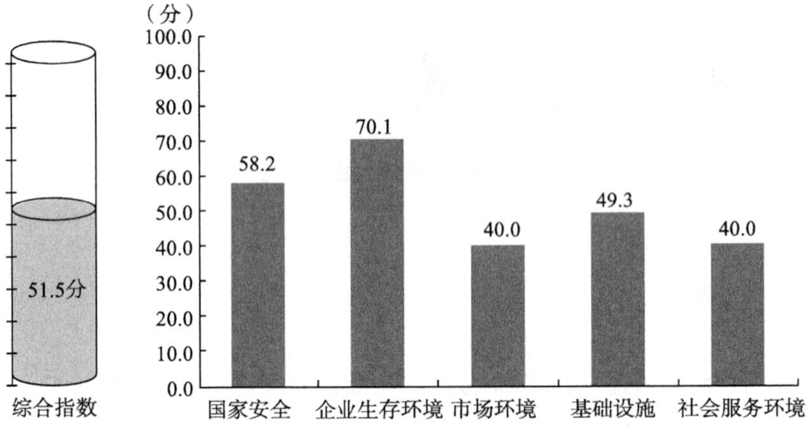

图 6-11　约旦营商环境指数

十二、黎巴嫩

黎巴嫩营商环境指数为 51.2 分。在构成营商环境指数的各维度中，国家安全、企业生存环境分别得 59.5 分、58.8 分，是黎巴嫩营商环境的优势；市场环境、基础设施、社会服务环境维度得分较低，拉低了综合指数（见图 6-12）。

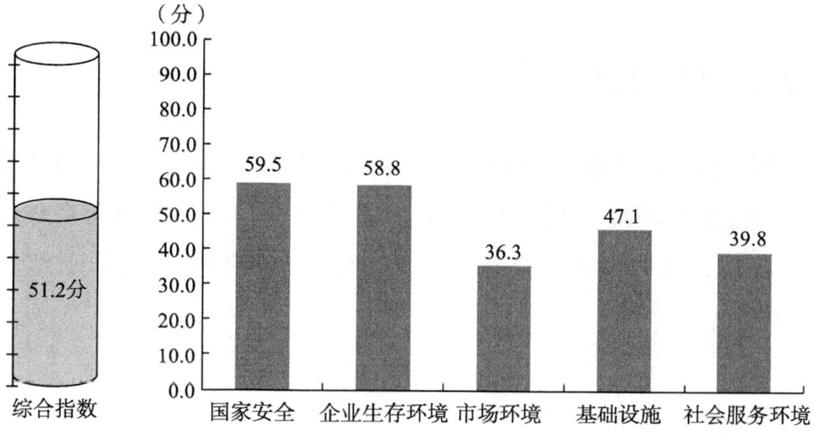

图 6-12　黎巴嫩营商环境指数

十三、埃及

埃及营商环境指数为 50. 1 分。在构成营商环境指数的各维度中，国家安全、企业生存环境、基础设施分别得 58. 7 分、61. 7 分、53. 3 分，是埃及营商环境的优势；市场环境、社会服务环境维度得分较低，拉低了综合指数(见图6-13)。

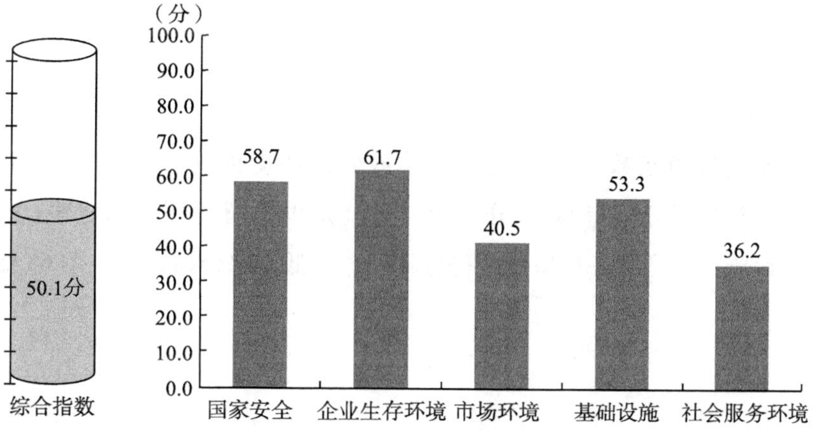

图 6-13　埃及营商环境指数

十四、巴勒斯坦

巴勒斯坦营商环境指数为 47. 4 分。在构成营商环境指数的各维度中，国家安全、企业生存环境分别得 59. 3 分、72. 9 分，是巴勒斯坦营商环境的优势；市场环境、基础设施、社会服务环境维度得分较低，拉低了综合指数（见图6-14）。

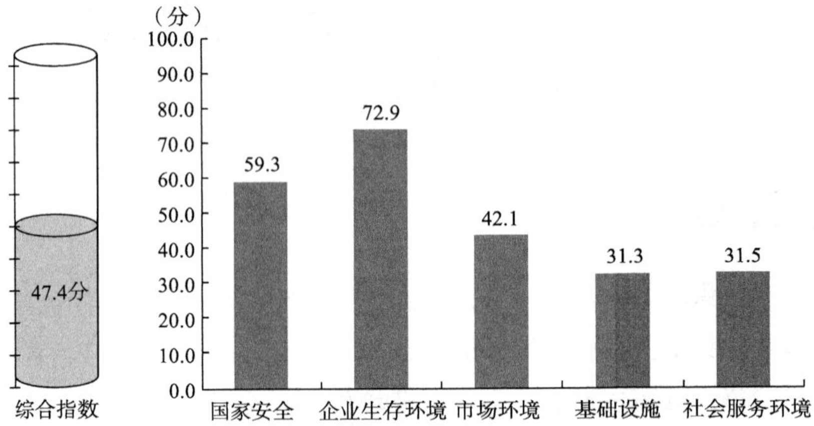

图 6-14　巴勒斯坦营商环境指数

十五、也门

也门营商环境指数为 45. 7 分。在构成营商环境指数的各维度中，国家安全、企业生存环境分别得 60. 1 分、70. 4 分，是也门营商环境的优势；市场环境、基础设施、社会服务环境维度得分较低，拉低了综合指数（见图 6-15）。

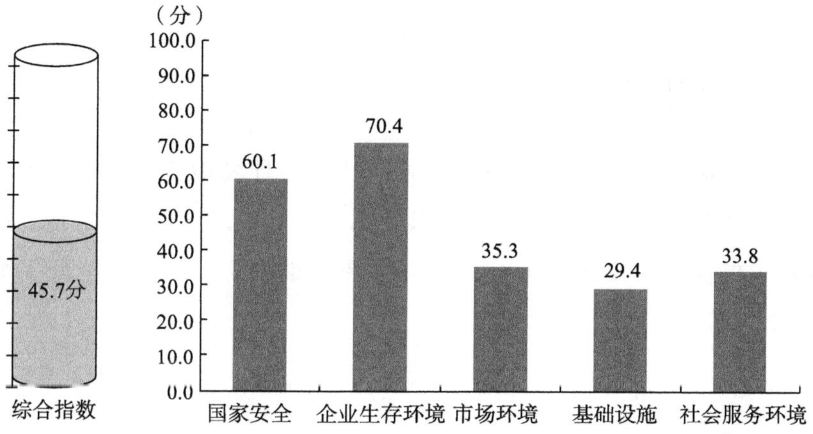

图 6-15　也门营商环境指数

十六、伊拉克

伊拉克营商环境指数为 43.2 分。在构成营商环境指数的各维度中，企业生存环境、基础设施分别得 66.7 分、44.6 分，是伊拉克营商环境的优势；国家安全、市场环境、社会服务环境维度得分较低，拉低了综合指数（见图 6-16）。

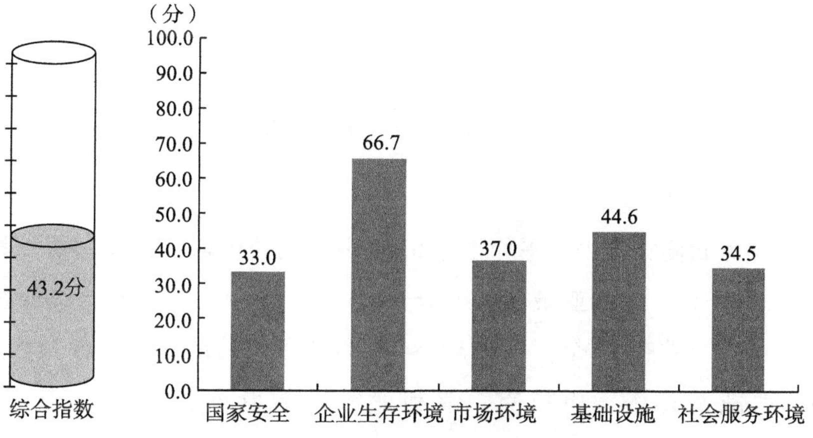

图 6-16　伊拉克营商环境指数

十七、叙利亚

叙利亚营商环境指数为40.6分。在构成营商环境指数的各维度中，国家安全、企业生存环境、基础设施分别得41.1分、61.7分、37.9分，是叙利亚营商环境的优势；市场环境、社会服务环境维度得分较低，拉低了综合指数（见图6-17）。

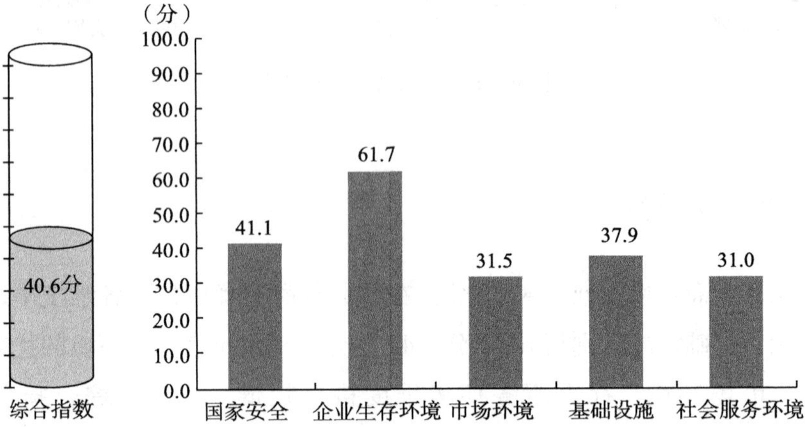

图6-17　叙利亚营商环境指数

第二节　综合指数

中东国家营商指数中，平均得分51.9分。阿拉伯联合酋长国营商指数最高，得分58.7分；叙利亚最低，得分40.6分。在中东国家中，综合指数高于平均值的国家共有10个，占比58.8%；低于平均值的国家共有7个，占比41.2%，受战乱影响，伊拉克、叙利亚等国的营商指数低于50分（见图6-18）。

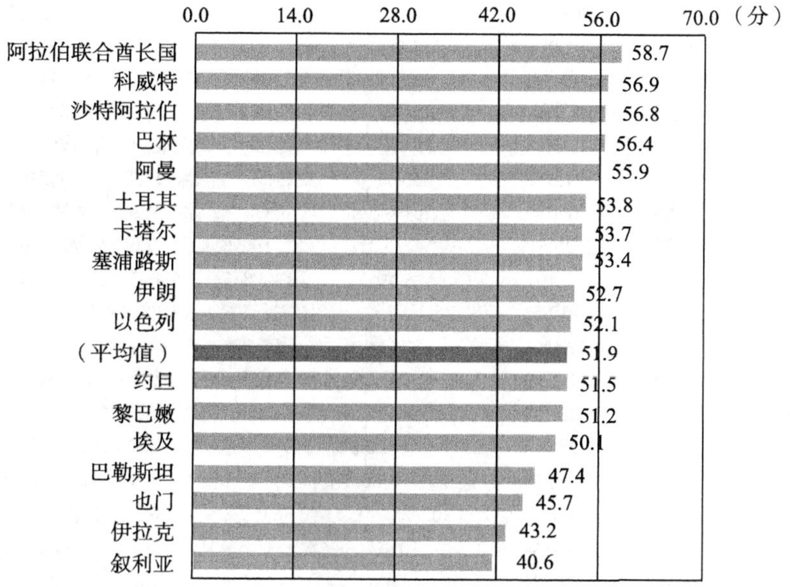

图 6-18　2017 年中东地区国家营商指数

第三节　指数构成

中东国家营商指数构成中，企业生存环境指数、国家安全指数对营商指数贡献较大，基础设施指数、社会服务环境指数次之，市场环境指数贡献最小。中东国家营商指数各维度中，也门的国家安全发展较好，比平均水平高 4.5 个百分点；伊拉克的企业生存环境发展较好，比平均水平高 4.1 个百分点；巴勒斯坦的市场环境发展较好，比平均水平高 1.9 个百分点；阿拉伯联合酋长国的基础设施发展较好，比平均水平高 3.4 个百分点；巴林的社会服务环境发展较好，比平均水平高 4.4 个百分点（见图 6-19）。

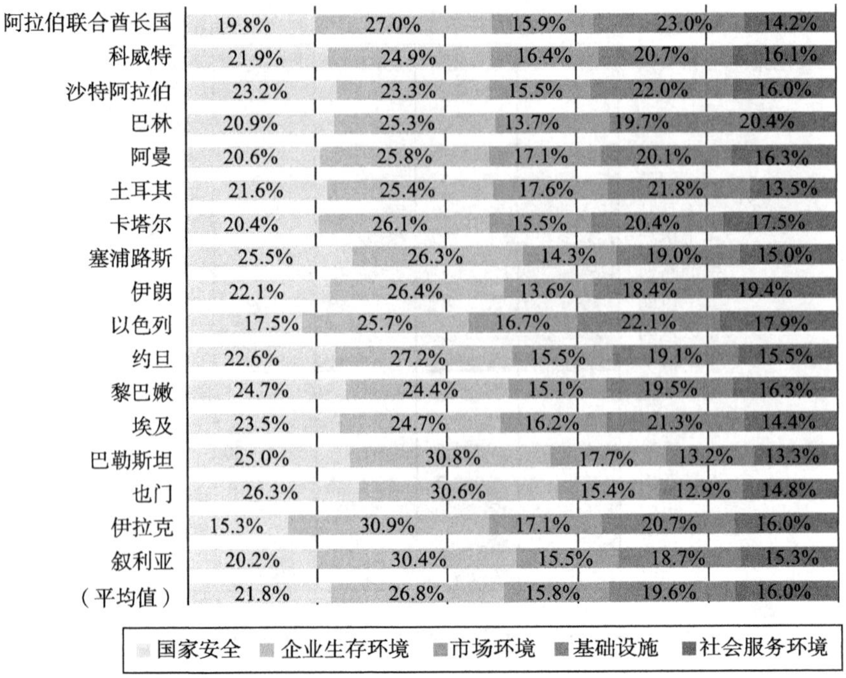

图 6-19　2017 年中东地区国家营商指数构成

第四节　均衡度

中东国家营商指数均衡性方面，巴勒斯坦、也门、伊拉克的发展最不均衡。巴勒斯坦的企业生存环境指数比重高于平均水平 4.2 个百分点，基础设施指数比重低于平均水平 6.5 个百分点；也门的企业生存环境指数比重高于平均水平 4.0 个百分点，基础设施指数比重低于平均水平 6.8 个百分点；伊拉克的企业生存环境指数比重高于平均水平 4.3 个百分点，国家安全指数比重低于平均水平 6.6 个百分点。相对而言，中东国家中沙特阿拉伯的营商指数发展相对均衡（见图 6-20）。

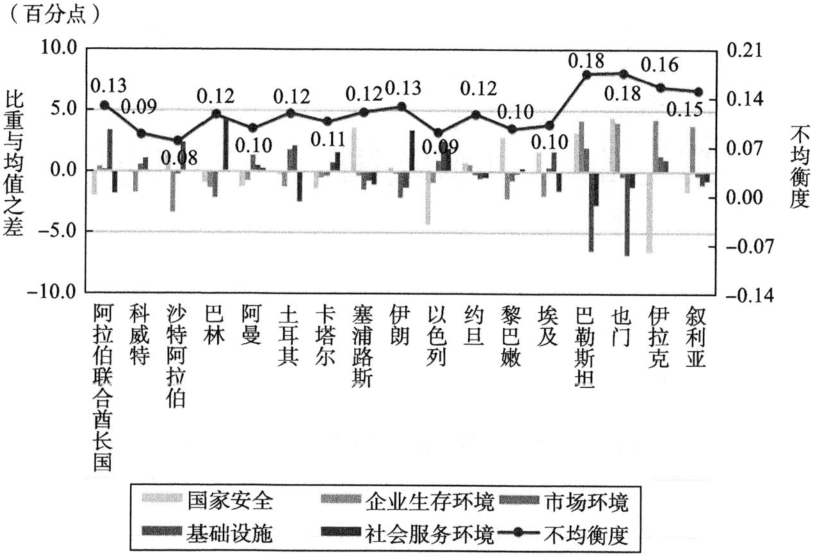

图 6-20　2017 年中东国家营商环境均衡度

第七章　中东欧国家营商环境

第一节　各国营商环境分析

一、爱沙尼亚

爱沙尼亚营商环境指数为 59.0 分。在构成营商环境指数的各维度中，国家安全、企业生存环境分别得 65.7 分、61.7 分，是爱沙尼亚营商环境的优势；市场环境、基础设施、社会服务环境维度得分较低，拉低了综合指数（见图 7-1）。

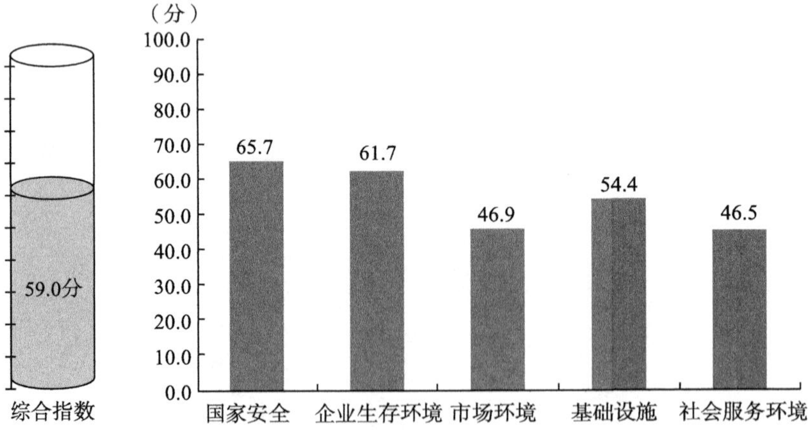

图 7-1　爱沙尼亚营商环境指数

二、黑山

黑山营商环境指数为57.9分。在构成营商环境指数的各维度中，国家安全、企业生存环境分别得73.9分、71.8分，是黑山营商环境的优势；市场环境、基础设施、社会服务环境维度得分较低，拉低了综合指数（见图7-2）。

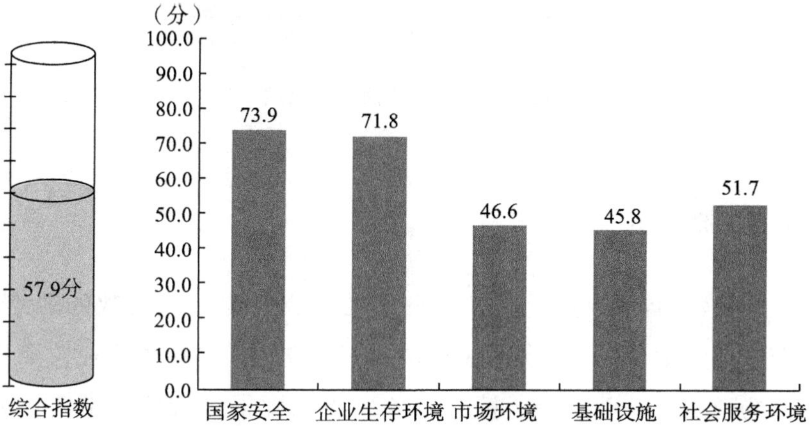

图7-2　黑山营商环境指数

三、波兰

波兰营商环境指数为56.2分。在构成营商环境指数的各维度中，国家安全、企业生存环境分别得65.3分、74.8分，是波兰营商环境的优势；市场环境、基础设施、社会服务环境维度得分较低，拉低了综合指数（见图7-3）。

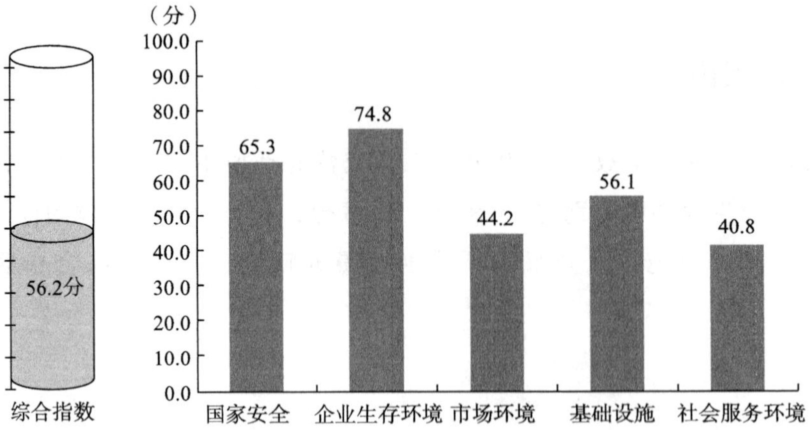

图 7-3　波兰营商环境指数

四、拉脱维亚

拉脱维亚营商环境指数为 55. 7 分。在构成营商环境指数的各维度中，国家安全、企业生存环境分别得 68. 1 分、76. 0 分，是拉脱维亚营商环境的优势；市场环境、基础设施、社会服务环境维度得分较低，拉低了综合指数（见图 7-4）。

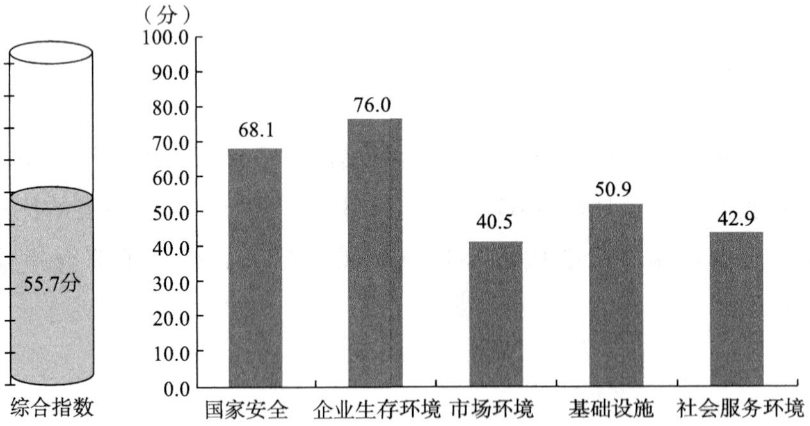

图 7-4　拉脱维亚营商环境指数

五、匈牙利

匈牙利营商环境指数为55.0分。在构成营商环境指数的各维度中，国家安全、企业生存环境分别得64.5分、70.8分，是匈牙利营商环境的优势；市场环境、基础设施、社会服务环境维度得分较低，拉低了综合指数（见图7-5）。

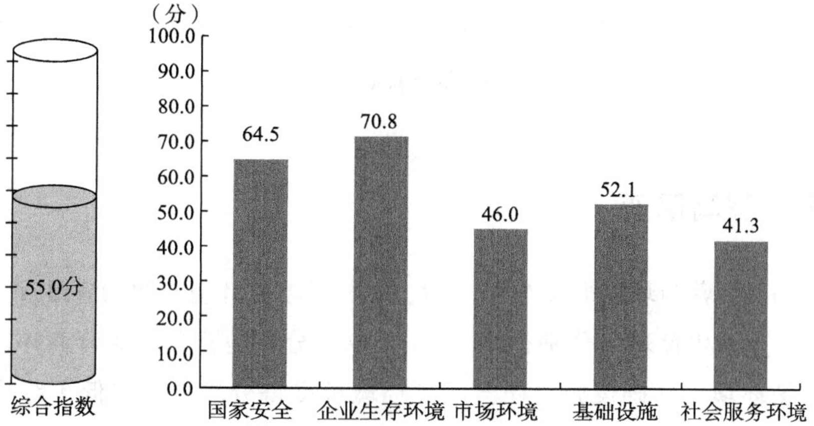

图7-5　匈牙利营商环境指数

六、捷克

捷克营商环境指数为54.8分。在构成营商环境指数的各维度中，国家安全、企业生存环境、基础设施分别得57.4分、69.7分、57.7分，是捷克营商环境的优势；市场环境、社会服务环境维度得分较低，拉低了综合指数（见图7-6）。

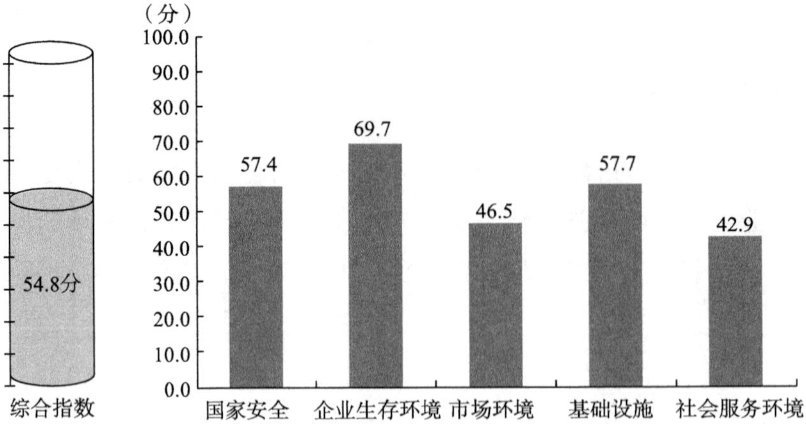

图 7-6　捷克营商环境指数

七、罗马尼亚

罗马尼亚营商环境指数为 53.2 分。在构成营商环境指数的各维度中，国家安全、企业生存环境分别得 68.1 分、69.8 分，是罗马尼亚营商环境的优势；市场环境、基础设施、社会服务环境维度得分较低，拉低了综合指数（见图 7-7）。

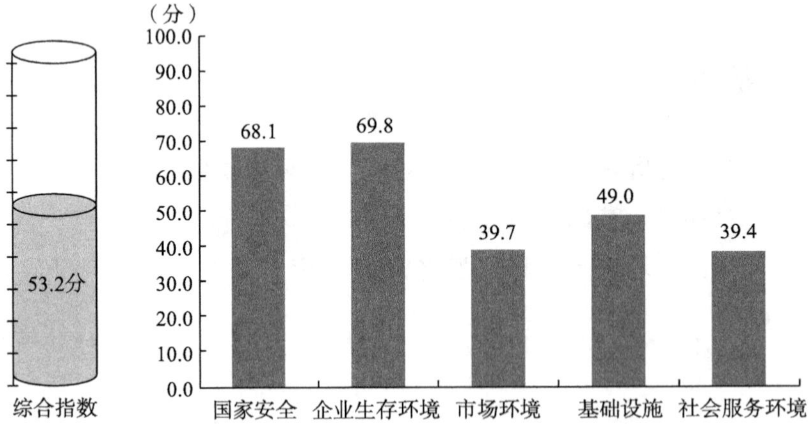

图 7-7　罗马尼亚营商环境指数

八、斯洛文尼亚

斯洛文尼亚营商环境指数为 53. 1 分。在构成营商环境指数的各维度中，国家安全、企业生存环境分别得 58. 0 分、61. 8 分，是斯洛文尼亚营商环境的优势；市场环境、基础设施、社会服务环境维度得分较低，拉低了综合指数（见图 7-8）。

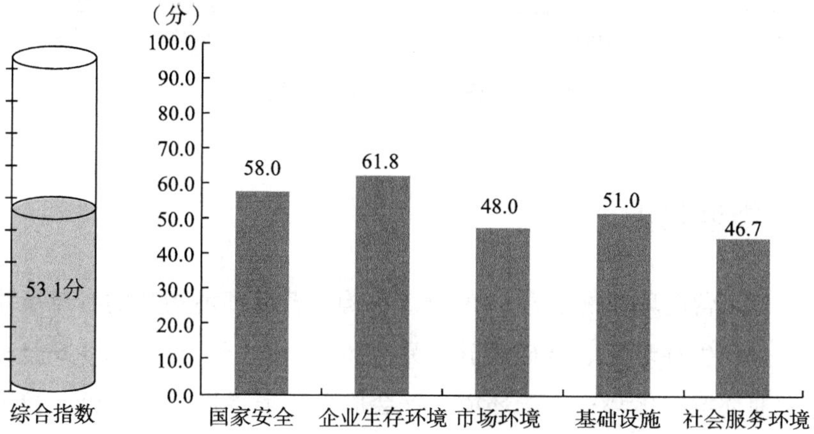

图 7-8　斯洛文尼亚营商环境

九、保加利亚

保加利亚营商环境指数为 52. 9 分。在构成营商环境指数的各维度中，国家安全、企业生存环境分别得 61. 7 分、72. 0 分，是保加利亚营商环境的优势；市场环境、基础设施、社会服务环境维度得分较低，拉低了综合指数（见图 7-9）。

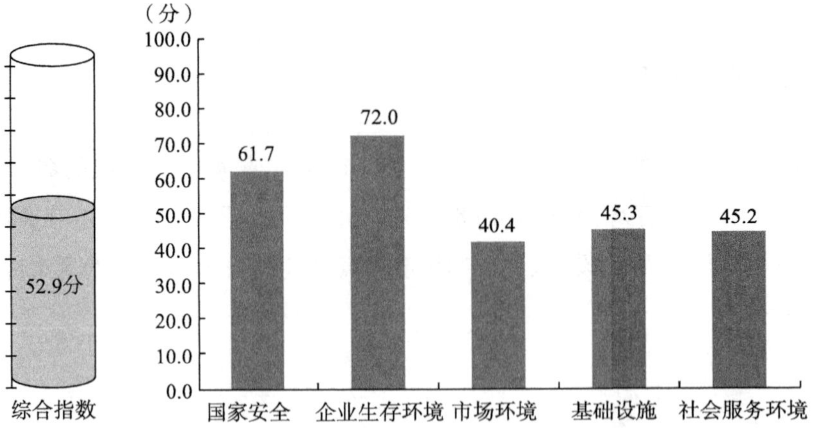

图 7-9　保加利亚营商环境指数

十、斯洛伐克

斯洛伐克营商环境指数为 52.9 分。在构成营商环境指数的各维度中，国家安全、企业生存环境、基础设施分别得 64.0 分、66.8 分、50.6 分，是斯洛伐克营商环境的优势；市场环境、社会服务环境维度得分较低，拉低了综合指数（见图 7-10）。

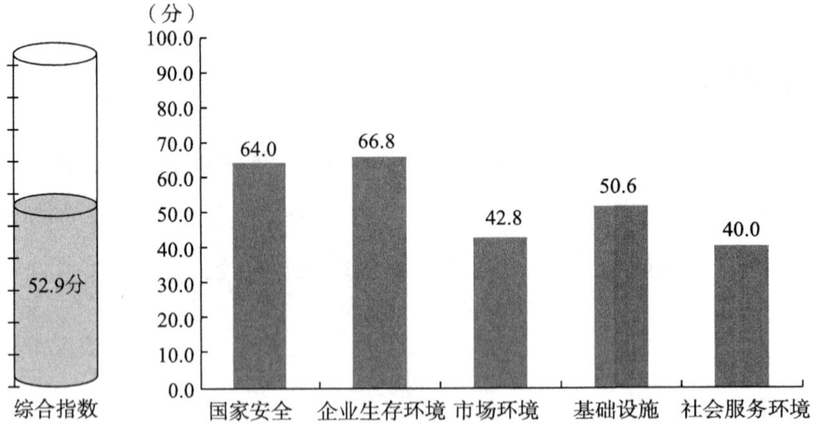

图 7-10　斯洛伐克营商环境指数

十一、立陶宛

立陶宛营商环境指数为52.8分。在构成营商环境指数的各维度中，国家安全、企业生存环境分别得60.6分、77.6分，是立陶宛营商环境的优势；市场环境、基础设施、社会服务环境维度得分较低，拉低了综合指数（见图7-11）。

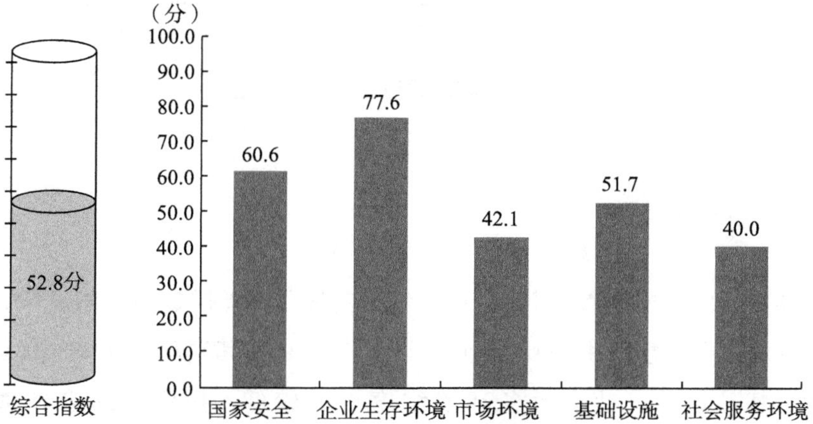

图7-11　立陶宛营商环境指数

十二、塞尔维亚

塞尔维亚营商环境指数为52.4分。在构成营商环境指数的各维度中，国家安全、企业生存环境分别得63.8分、70.9分，是塞尔维亚营商环境的优势；市场环境、基础设施、社会服务环境维度得分较低，拉低了综合指数（见图7-12）。

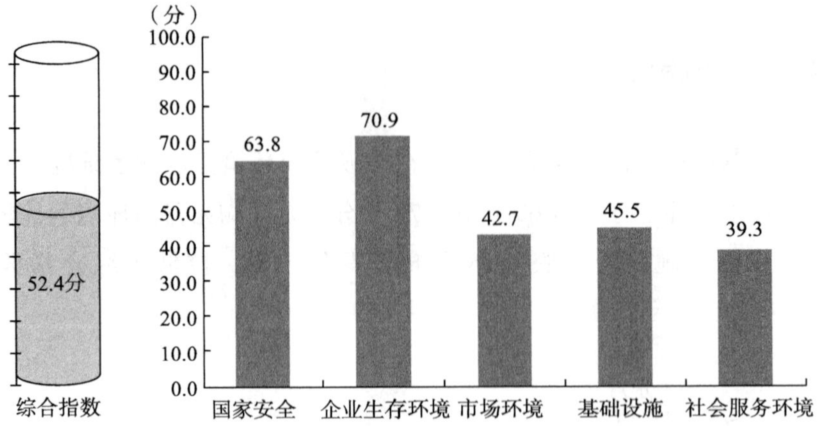

图 7-12　塞尔维亚营商环境指数

十三、马其顿

马其顿营商环境指数为 52. 2 分。在构成营商环境指数的各维度中，国家安全、企业生存环境分别得 69. 8 分、73. 5 分，是马其顿营商环境的优势；市场环境、基础设施、社会服务环境维度得分较低，拉低了综合指数（见图 7-13）。

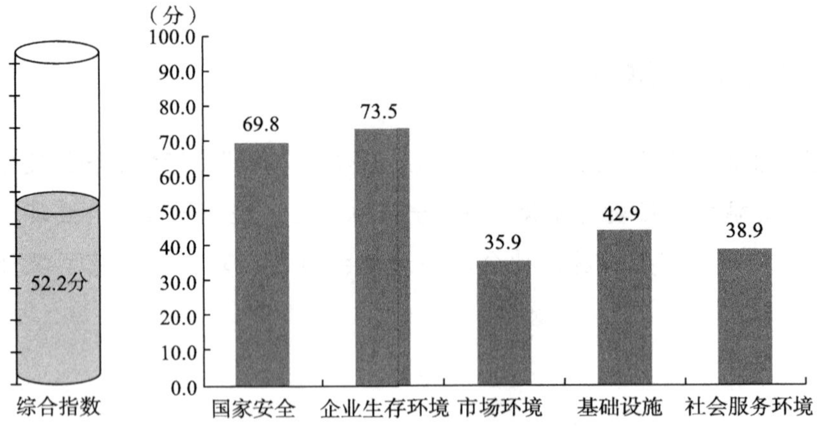

图 7-13　马其顿营商环境指数

十四、波黑

波黑营商环境指数为 50.8 分。在构成营商环境指数的各维度中，国家安全、企业生存环境分别得 65.3 分、62.7 分，是波黑营商环境的优势；市场环境、基础设施、社会服务环境维度得分较低，拉低了综合指数（见图 7-14）。

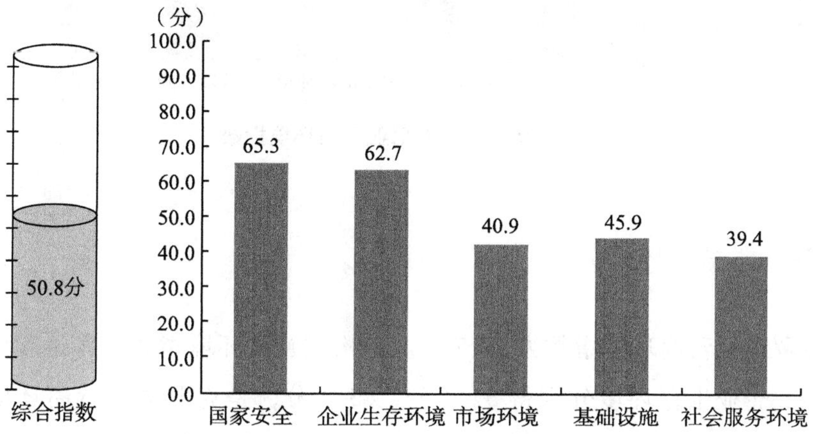

图 7-14　波黑营商环境指数

十五、阿尔巴尼亚

阿尔巴尼亚营商环境指数为 50.5 分。在构成营商环境指数的各维度中，国家安全、企业生存环境分别得 57.0 分、71.1 分，是阿尔巴尼亚营商环境的优势；市场环境、基础设施、社会服务环境维度得分较低，拉低了综合指数（见图 7-15）。

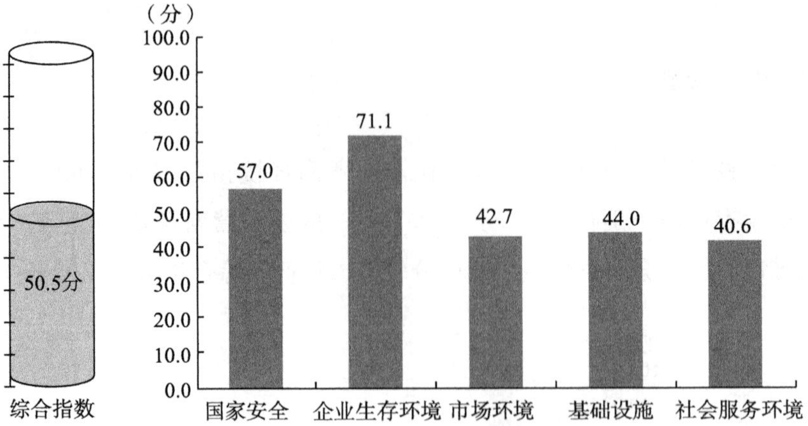

图 7-15　阿尔巴尼亚营商环境指数

十六、克罗地亚

克罗地亚营商环境指数为 47.7 分。在构成营商环境指数的各维度中，国家安全、企业生存环境分别得 57.2 分、63.2 分，是克罗地亚营商环境的优势；市场环境、基础设施、社会服务环境维度得分较低，拉低了综合指数（见图 7-16）。

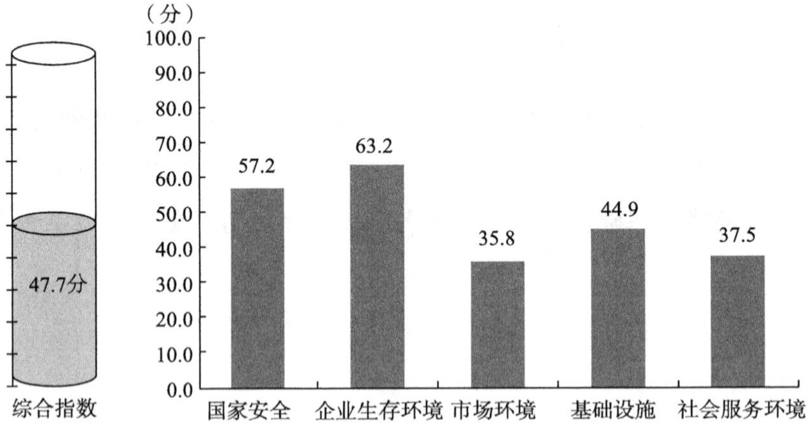

图 7-16　克罗地亚营商环境指数

第二节　综合指数

中东欧国家营商指数中，平均得分 53. 6 分。爱沙尼亚营商指数最高，得分 59. 0 分；克罗地亚最低，得分 47. 7 分。在中东欧国家中，综合指数高于平均值的国家共有 6 个，占比 37. 5%；低于平均值的国家共有 10 个，占比 62. 5%（见图 7-17）。

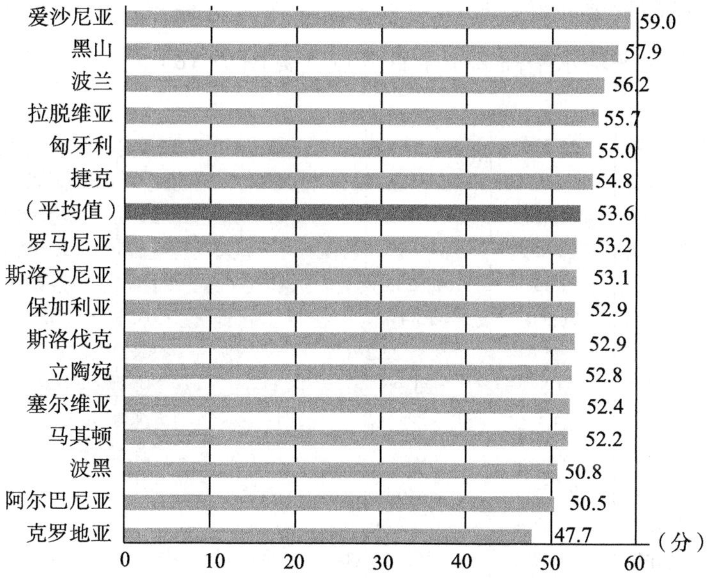

图 7-17　2017 年中东欧国家营商指数

第三节　指数构成

中东欧国家营商指数构成中，企业生存环境指数与国家安全指数对营商指数贡献较大，基础设施指数次之，市场环境指数、社会服务环境指数贡献较小。中东欧国家营商指数各维度中，马其顿的国家安全发展较好，比平均水平高2.9个百分点；立陶宛的企业生存环境发展较好，比平均水平高2.1个百分点；斯洛文尼亚的市场环境发展较好，比平均水平高2.2个百分点；波兰的基础设施发展较好，比平均水平高1.7个百分点；黑山的社会服务环境发展较好，比平均水平高2.1个百分点（见图7-18）。

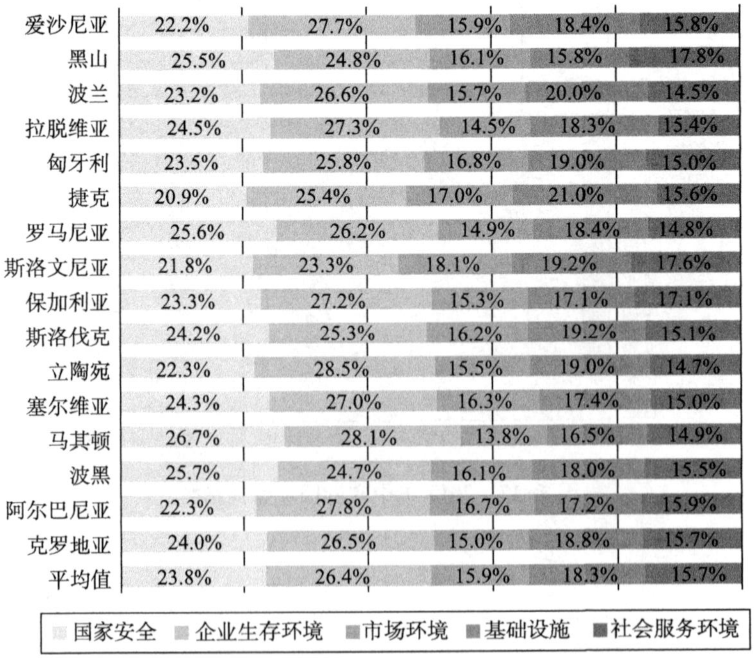

图7-18　2017年中东欧国家营商指数构成

第四节　均衡度

中东欧国家营商指数均衡性方面，立陶宛、马其顿、拉脱维亚的发展最不均衡。立陶宛的企业生存环境指数比重高于平均水平 2.1 个百分点，社会服务环境指数比重低于平均水平 1.0 个百分点；马其顿的企业生存环境指数比重高于平均水平 1.8 个百分点，市场环境指数比重低于平均水平 2.1 个百分点；拉脱维亚的企业生存环境指数比重高于平均水平 0.9 个百分点，市场环境指数比重低于平均水平 1.3 个百分点。相对而言，中东欧国家中斯洛文尼亚的各指数发展相对均衡（见图 7-19）。

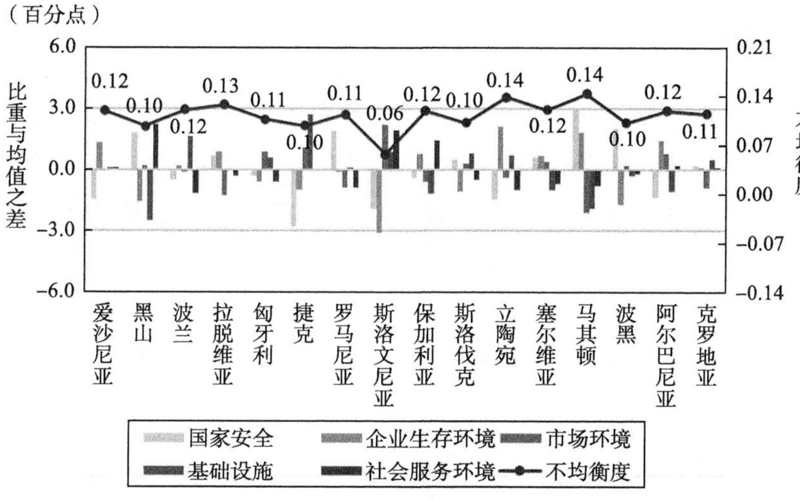

图 7-19　2017 年中东欧国家营商环境均衡度

第八章　南盟国家营商环境

第一节　各国营商环境分析

一、不丹

不丹营商环境指数为56.9分。在构成营商环境指数的各维度中，国家安全、企业生存环境、社会服务环境分别得57.3分、73.2分、65.3分，是不丹营商环境的优势；市场环境、基础设施维度得分较低，拉低了综合指数（见图8-1）。

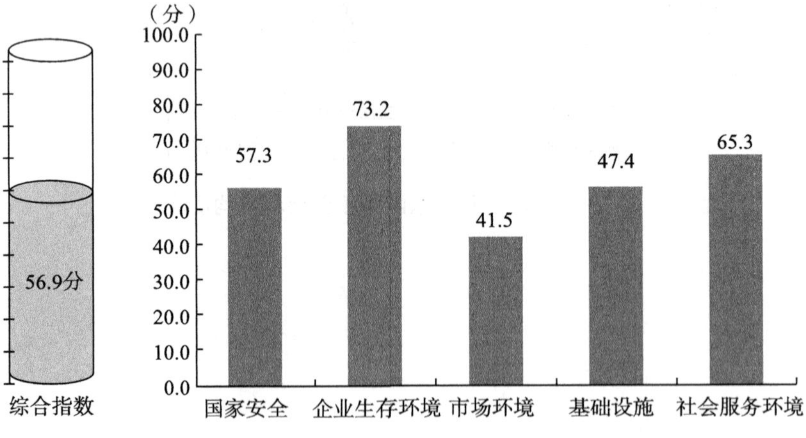

图8-1　不丹营商环境指数

二、尼泊尔

尼泊尔营商环境指数为 56. 3 分。在构成营商环境指数的各维度中，国家安全、企业生存环境、社会服务环境分别得 74. 0 分、68. 9 分、52. 1 分，是尼泊尔营商环境的优势；市场环境、基础设施维度得分较低，拉低了综合指数（见图 8-2）。

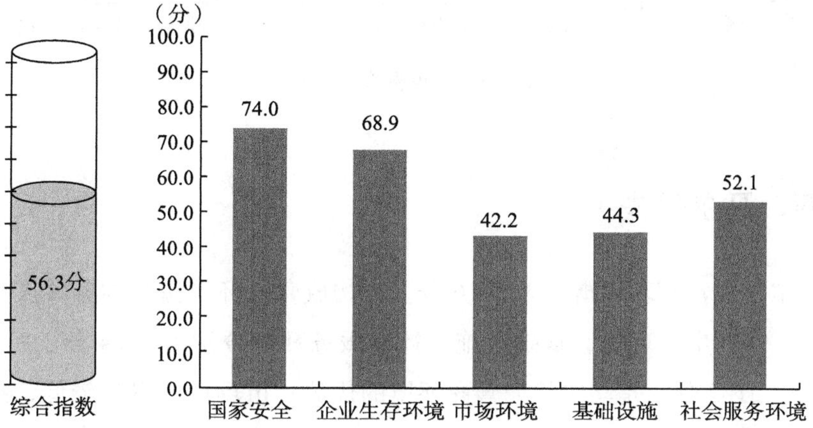

图 8-2　尼泊尔营商环境指数

三、印度

印度营商环境指数为 55. 6 分。在构成营商环境指数的各维度中，国家安全、企业生存环境、基础设施分别得 63. 5 分、69. 6 分、59. 7 分，是印度营商环境的优势；市场环境、社会服务环境维度得分较低，拉低了综合指数（见图 8-3）。

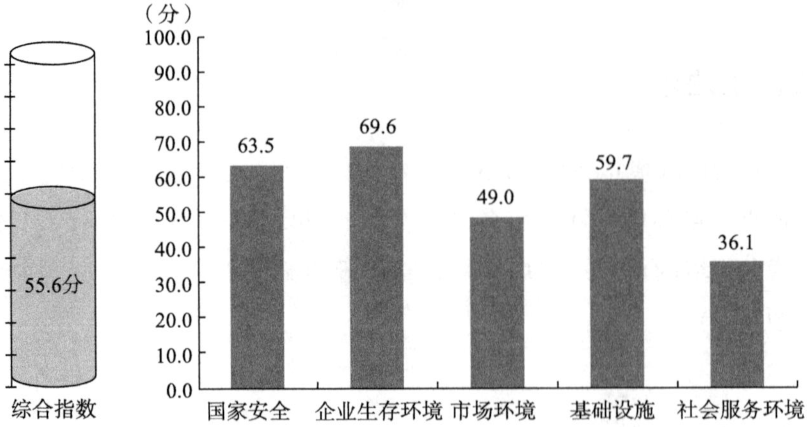

图 8-3　印度营商环境指数

四、马尔代夫

马尔代夫营商环境指数为 54.6 分。在构成营商环境指数的各维度中，国家安全、企业生存环境、基础设施、社会服务环境分别得 58.4 分、71.0 分、48.7 分、51.7 分，是马尔代夫营商环境的优势；市场环境得分较低，拉低了综合指数（见图 8-4）。

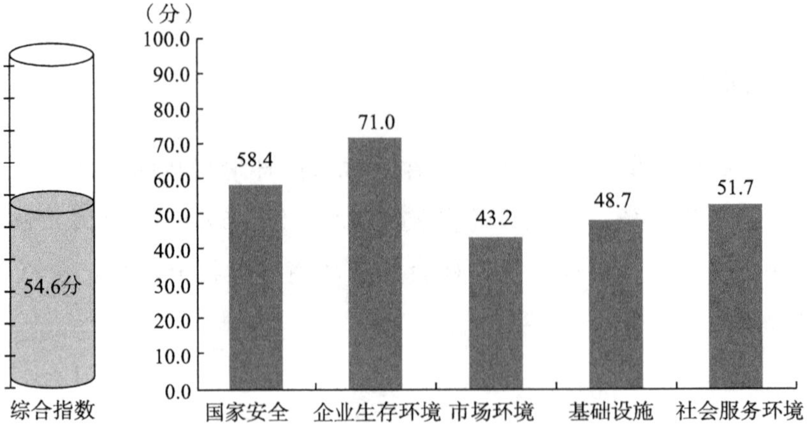

图 8-4　马尔代夫营商环境指数

五、巴基斯坦

巴基斯坦营商环境指数为 53. 2 分。在构成营商环境指数的各维度中，国家安全、企业生存环境分别得 63. 0 分、71. 2 分，是巴基斯坦营商环境的优势；市场环境、基础设施、社会服务环境维度得分较低，拉低了综合指数（见图 8-5）。

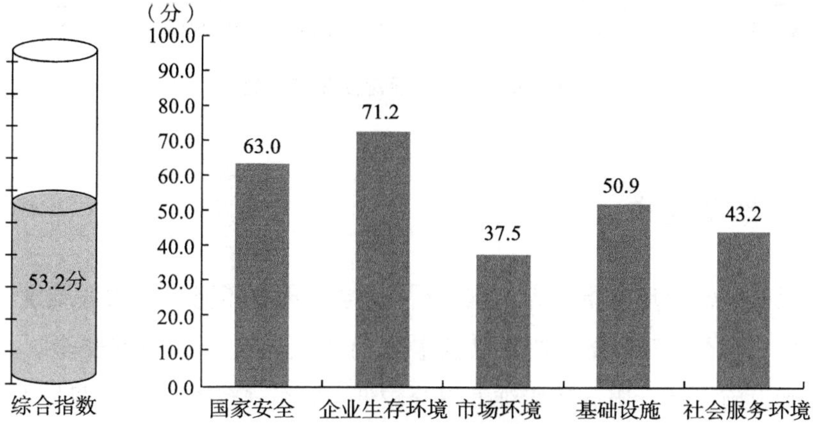

图 8-5　巴基斯坦营商环境指数

六、孟加拉国

孟加拉国营商环境指数为 49. 7 分。在构成营商环境指数的各维度中，国家安全、企业生存环境分别得 65. 2 分、62. 4 分，是孟加拉国营商环境的优势；市场环境、基础设施、社会服务环境维度得分较低，拉低了综合指数（见图 8-6）。

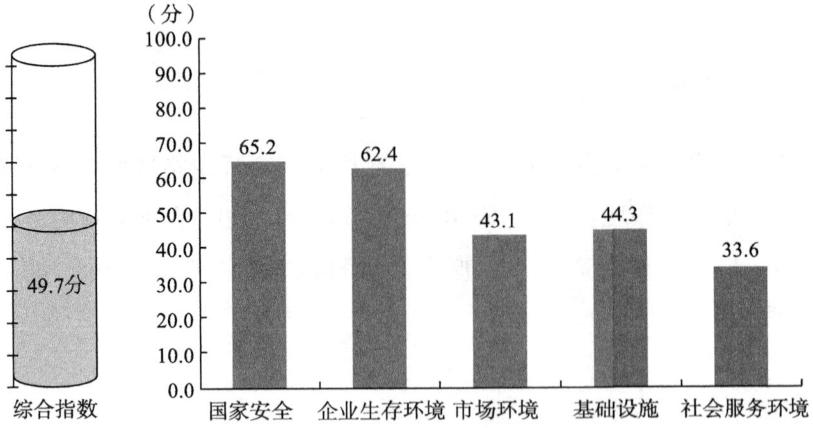

图 8-6　孟加拉国营商环境指数

七、斯里兰卡

斯里兰卡营商环境指数为 47.3 分。在构成营商环境指数的各维度中，企业生存环境得分 67.4 分，是斯里兰卡营商环境的优势；国家安全、市场环境、基础设施、社会服务环境维度得分较低，拉低了综合指数（见图 8-7）。

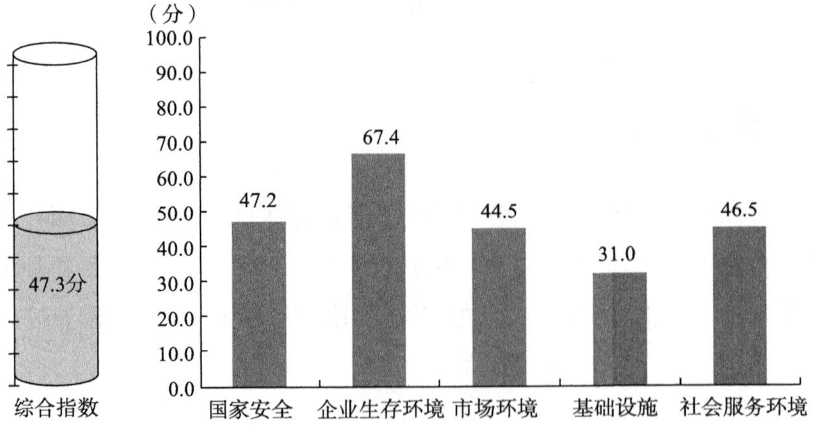

图 8-7　斯里兰卡营商环境指数

八、阿富汗

阿富汗营商环境指数为 45. 7 分。在构成营商环境指数的各维度中，国家安全、企业生存环境分别得 51. 2 分、59. 1 分，是阿富汗营商环境的优势；市场环境、基础设施、社会服务环境维度得分较低，拉低了综合指数（见图 8-8）。

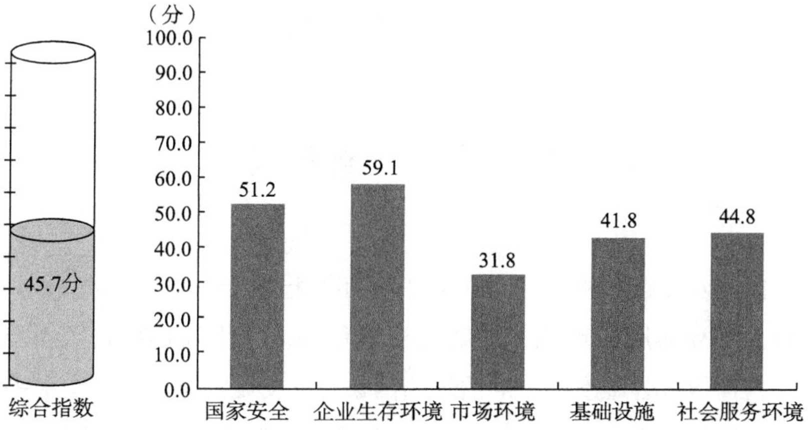

图 8-8　阿富汗营商环境指数

第二节　综合指数

南盟国家营商指数中，平均得分 52. 4 分。不丹营商指数最高，得分 56. 9 分；阿富汗最低，得分 45. 7 分。在南盟国家中，综合指数高于平均分的国家共有 5 个，占比 62. 5%；低于平均值的国家也有 3 个，占比 37. 5%（见图 8-9）。

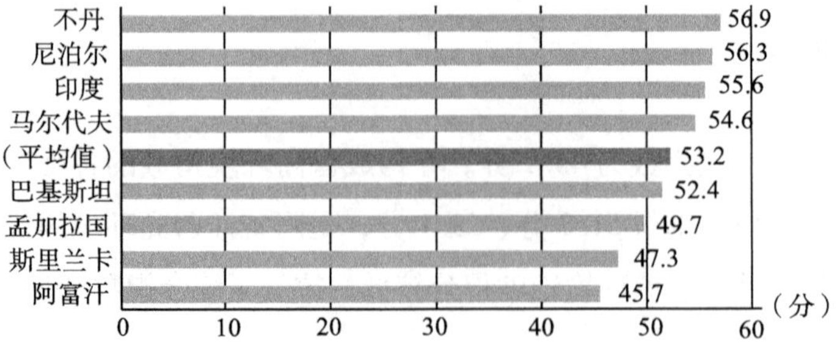

图 8-9　2017 年南盟国家营商指数

第三节　指数构成

南盟国家营商指数构成中，企业生存环境指数与国家安全指数对营商指数贡献较大，社会服务环境、基础设施指数次之，市场环境指数贡献最小。南盟国家营商指数各维度中，尼泊尔的国家安全发展较好，比平均水平高 3.4 个百分点；斯里兰卡的企业生存环境、市场环境发展较好，分别比平均水平高 2.6 个、2.9 个百分点；印度的基础设施发展较好，比平均水平高 4.0 个百分点；不丹的社会服务环境发展较好，比平均水平高 5.1 个百分点（见图 8-10）。

图 8-10　2017 年南盟国家营商指数构成

第四节　均衡度

南盟国家营商指数均衡性方面，斯里兰卡、孟加拉国、巴基斯坦的发展最不均衡。斯里兰卡的企业生存环境指数比重高于平均水平 2.6 个百分点，基础设施指数比重低于平均水平 4.5 个百分点；孟加拉国的国家安全指数比重高于平均水平 3.4 个百分点，社会服务环境指数比重低于平均水平 4.3 个百分点；巴基斯坦的企业生存环境指数比重高于平均水平 0.9 个百分点，市场环境指数比重低于平均水平 1.8 个百分点。相对而言，南盟国家中马尔代夫的各指数发展相对均衡（见图 8-11）。

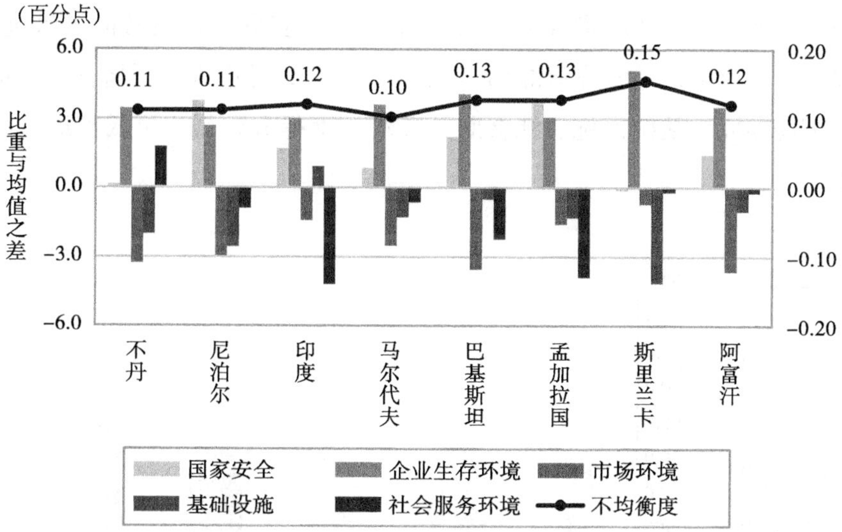

图 8-11　2017 年南盟国家营商环境均衡度

第九章　中亚国家营商环境

第一节　各国营商环境分析

一、塔吉克斯坦

塔吉克斯坦营商环境指数为 57.0 分。在构成营商环境指数的各维度中，国家安全、企业生存环境分别得 61.4 分、64.4 分，是塔吉克斯坦营商环境的优势；市场环境、基础设施、社会服务环境维度得分较低，拉低了综合指数（见图 9-1）。

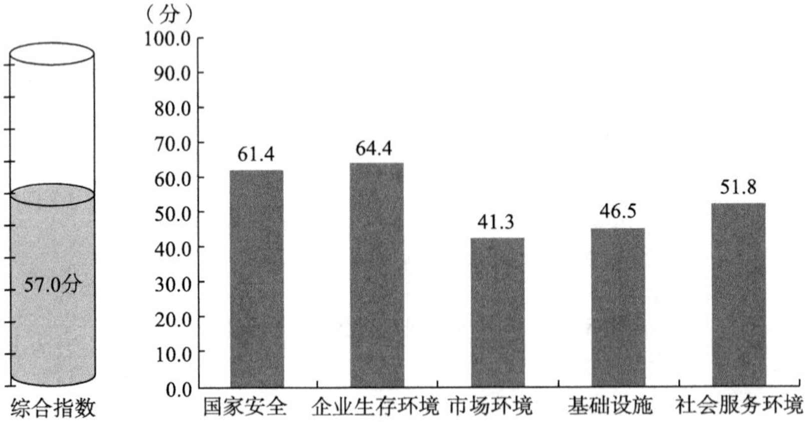

图 9-1　塔吉克斯坦营商环境指数

二、哈萨克斯坦

哈萨克斯坦营商环境指数为 54. 4 分。在构成营商环境指数的各维度中，国家安全、企业生存环境分别得 61. 5 分、75. 9 分，是哈萨克斯坦营商环境的优势；市场环境、基础设施、社会服务环境维度得分较低，拉低了综合指数（见图 9-2）。

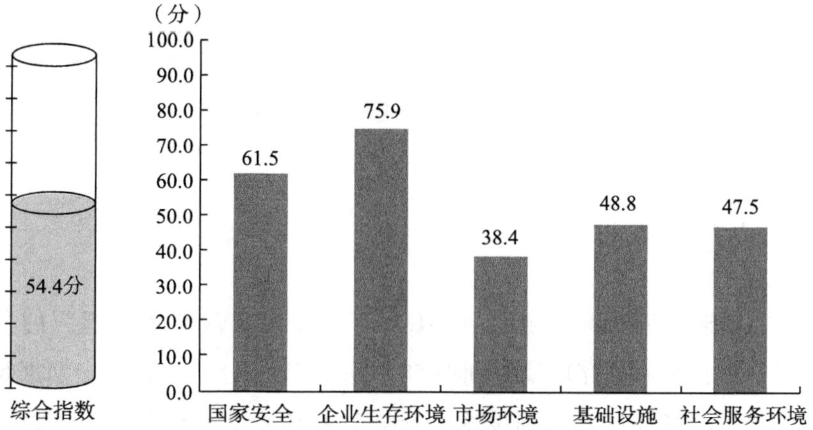

图 9-2　哈萨克斯坦营商环境指数

三、土库曼斯坦

土库曼斯坦营商环境指数为 53. 9 分。在构成营商环境指数的各维度中，国家安全、企业生存环境分别得 55. 5 分、76. 7 分，是土库曼斯坦营商环境的优势；市场环境、基础设施、社会服务环境维度得分较低，拉低了综合指数（见图 9-3）。

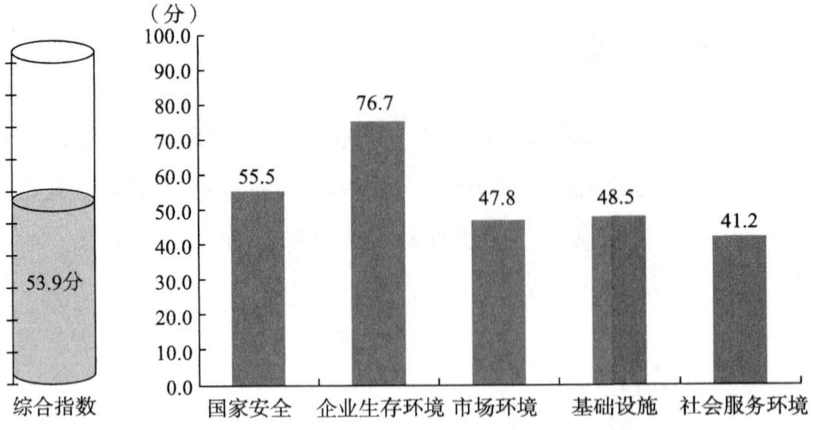

图 9-3　土库曼斯坦营商环境指数

四、吉尔吉斯斯坦

吉尔吉斯斯坦营商环境指数为 51.4 分。在构成营商环境指数的各维度中，国家安全、企业生存环境分别得 58.6 分、77.6 分，是吉尔吉斯斯坦营商环境的优势；市场环境、基础设施、社会服务环境维度得分较低，拉低了综合指数（见图 9-4）。

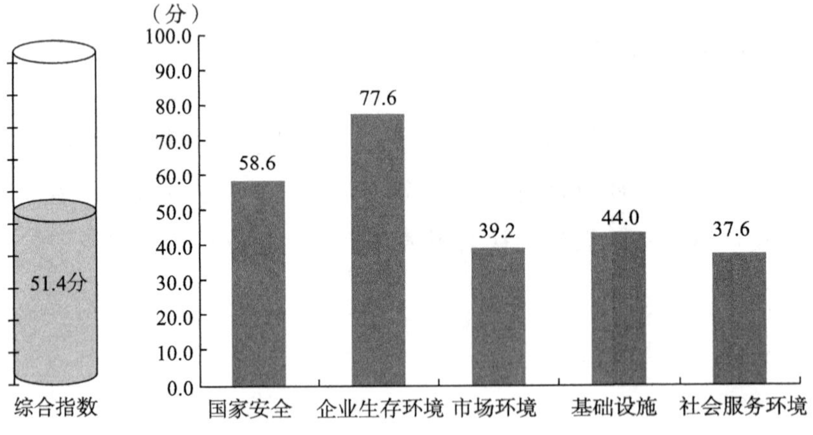

图 9-4　吉尔吉斯斯坦营商环境指数

五、乌兹别克斯坦

乌兹别克斯坦营商环境指数为48.8分。在构成营商环境指数的各维度中，国家安全、企业生存环境分别得63.2分、68.2分，是乌兹别克斯坦营商环境的优势；市场环境、基础设施、社会服务环境维度得分较低，拉低了综合指数（见图9-5）。

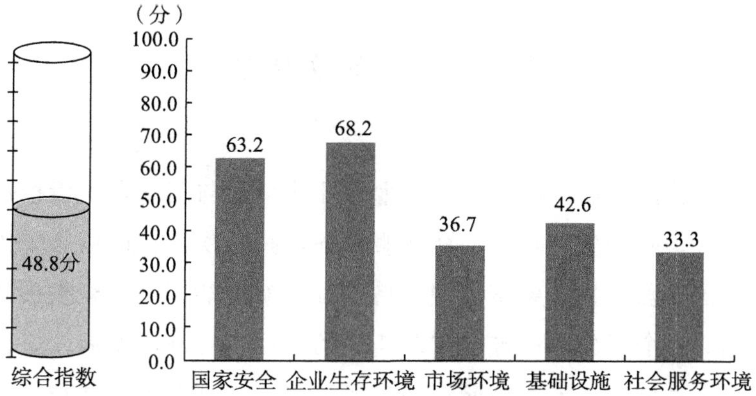

图9-5　乌兹别克斯坦营商环境指数

第二节　综合指数

中亚国家营商指数中，平均得分53.1分。塔吉克斯坦营商指数最高，得分57.0分；乌兹别克斯坦最低，得分48.8分。在中亚国家中，综合指数高于平均值的国家共有3个，低于平均值的国家有2个（见图9-6）。

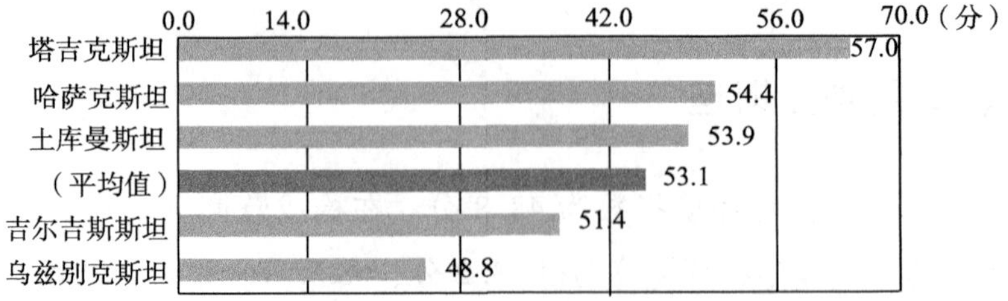

图 9-6　2017 年中亚地区国家营商指数

第三节　指数构成

中亚国家营商指数构成中，企业生存环境指数与国家安全境指数对营商指数贡献较大，基础设施指数、社会服务环境指数次之，市场环境指数贡献较小。中亚国家营商指数各维度中，乌兹别克斯坦的国家安全发展较好，比平均水平高 2.9 个百分点；吉尔吉斯斯坦的企业生存环境发展较好，比平均水平高 2.4 个百分点；土库曼斯坦的市场环境、基础设施发展较好，分别比平均水平高 2.2 个、0.4 个百分点；塔吉克斯坦的社会服务环境发展较好，比平均水平高 3.4 个百分点（见图 9-7）。

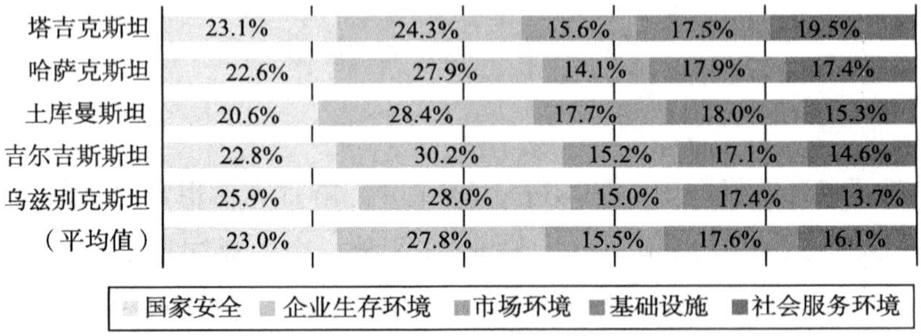

图 9-7　2017 年中亚国家营商指数构成

第四节　均衡度

中亚国家营商指数均衡性方面，吉尔吉斯斯坦的发展最不均衡，其企业生存环境指数比重高于平均水平 2.5 个百分点，社会服务环境指数比重低于平均水平 1.5 个百分点。相对而言，中亚国家中塔吉克斯坦的各指数发展相对均衡（见图 9-8）。

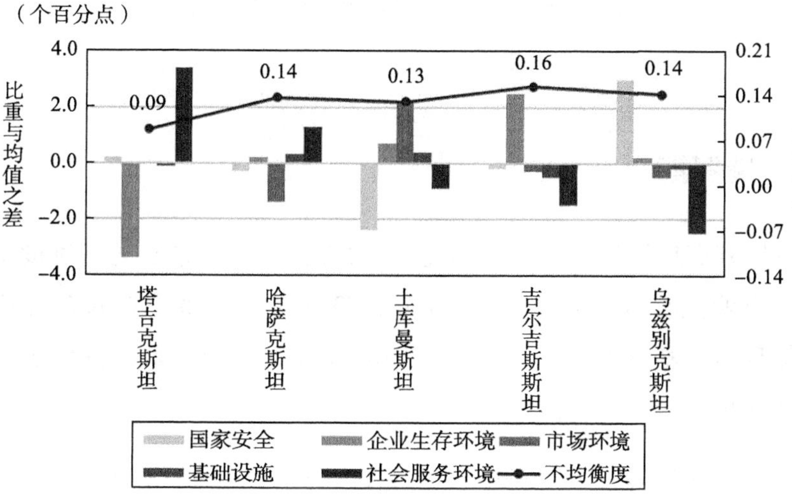

图 9-8　2017 年中亚国家营商环境均衡度

第十章　独联体国家营商环境

第一节　各国营商环境分析

一、俄罗斯

俄罗斯营商环境指数为62.0分。在构成营商环境指数的各维度中，国家安全、企业生存环境分别得82.0分、73.4分，是俄罗斯营商环境的优势；市场环境、基础设施、社会服务环境等维度得分较低，拉低了综合指数（见图10-1）。

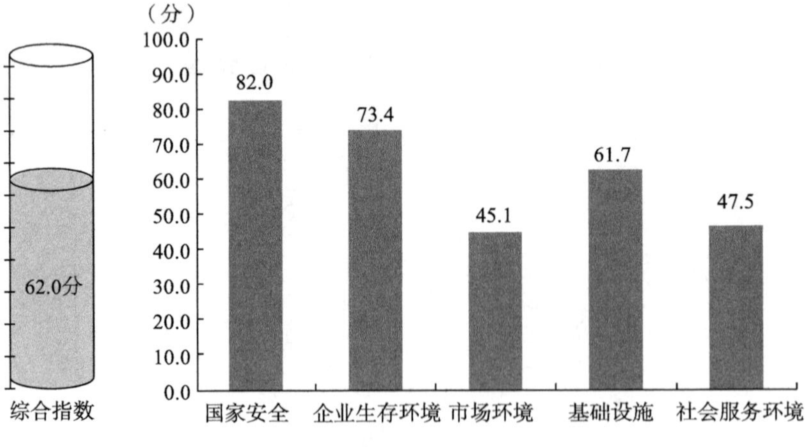

图10-1　俄罗斯营商环境指数

二、亚美尼亚

亚美尼亚营商环境指数为 56. 9 分。在构成营商环境指数的各维度中，国家安全、企业生存环境分别得 73. 0 分、73. 3 分，是亚美尼亚营商环境的优势；市场环境、基础设施、社会服务环境等维度得分较低，拉低了综合指数（见图 10-2）。

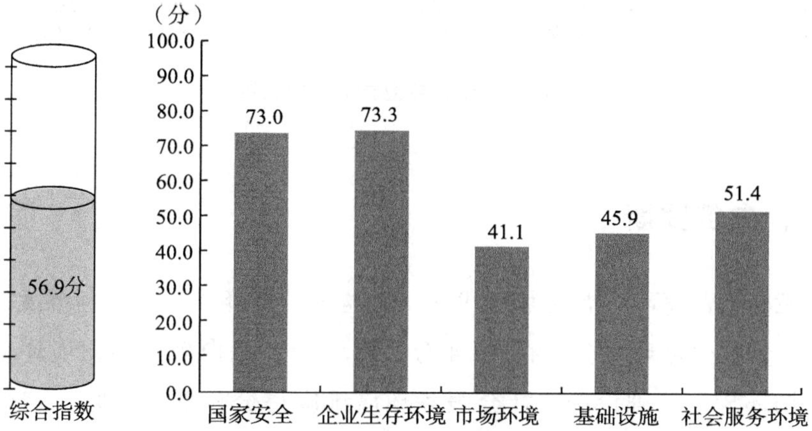

图 10-2　亚美尼亚营商环境指数

三、格鲁吉亚

格鲁吉亚营商环境指数为 52. 2 分。在构成营商环境指数的各维度中，国家安全、企业生存环境分别得 63. 2 分、72. 2 分，是格鲁吉亚营商环境的优势；市场环境、基础设施、社会服务环境维度得分较低，拉低了综合指数（见图 10-3）。

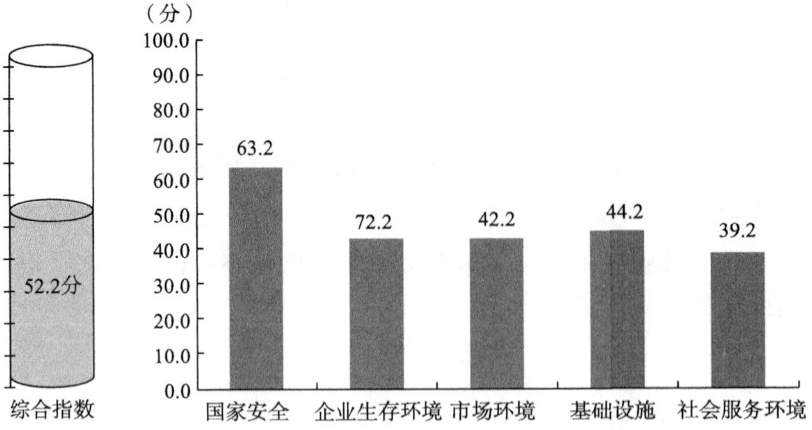

图 10-3　格鲁吉亚营商环境指数

四、白俄罗斯

白俄罗斯营商环境指数为 51. 9 分。在构成营商环境指数的各维度中，国家安全、企业生存环境分别得 52. 4 分、71. 1 分，是白俄罗斯营商环境的优势；市场环境、基础设施、社会服务环境维度得分较低，拉低了综合指数（见图 10-4）。

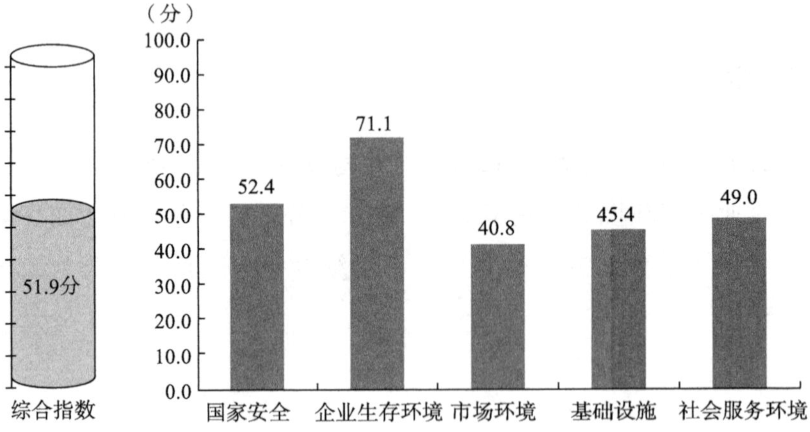

图 10-4　白俄罗斯营商环境指数

五、阿塞拜疆

阿塞拜疆营商环境指数为 51. 4 分。在构成营商环境指数的各维度中，国家安全、企业生存环境分别得 62. 9 分、68. 1 分，是阿塞拜疆营商环境的优势；市场环境、基础设施、社会服务环境维度得分较低，拉低了综合指数（见图 10-5）。

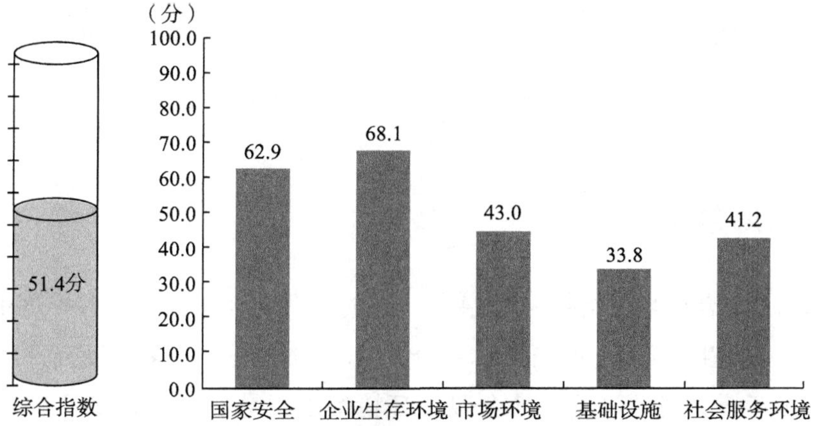

图 10-5　阿塞拜疆营商环境指数

六、乌克兰

乌克兰营商环境指数为 48. 8 分。在构成营商环境指数的各维度中，企业生存环境、基础设施分别得 73. 6 分、49. 7 分，是乌克兰营商环境的优势；国家安全、市场环境、社会服务环境维度得分较低，拉低了综合指数（见图 10-6）。

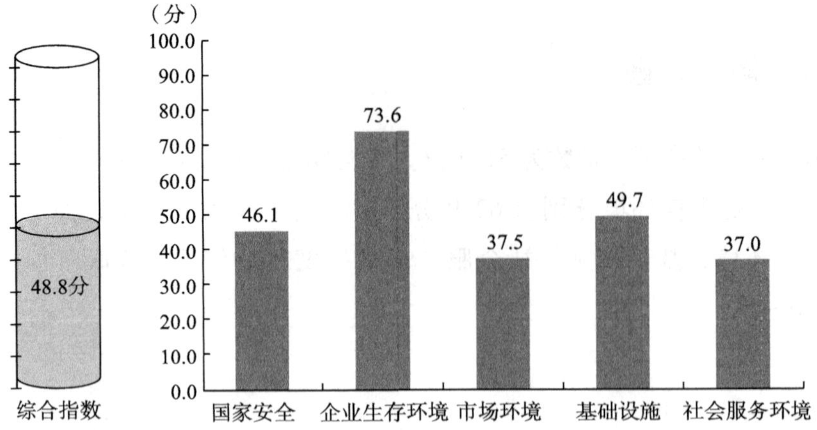

图 10-6　乌克兰营商环境指数

七、摩尔多瓦

摩尔多瓦营商环境指数为 48.4 分。在构成营商环境指数的各维度中，国家安全、企业生存环境分别得 61.8 分、71.0 分，是摩尔多瓦营商环境的优势；市场环境、基础设施、社会服务环境维度得分较低，拉低了综合指数（见图 10-7）。

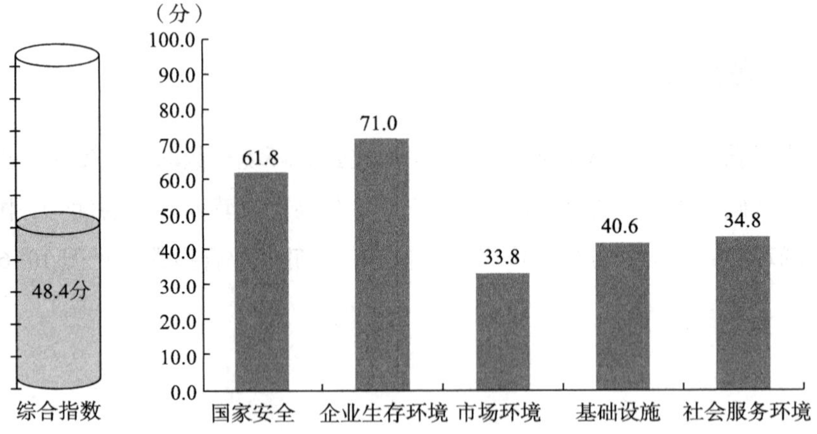

图 10-7　摩尔多瓦营商环境指数

第二节　综合指数

独联体国家营商指数中，平均得分 53.1 分。俄罗斯营商指数最高，得分 62.0 分；摩尔多瓦最低，得分 48.4 分。在独联体国家中，综合指数高于平均值的国家仅有 2 个，低于平均值的国家有 5 个（见图 10-8）。

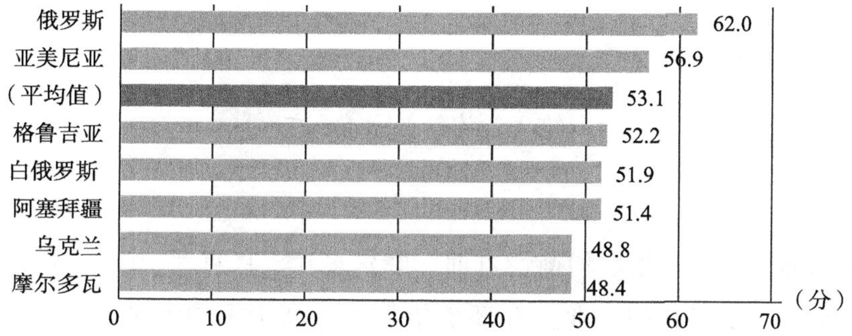

图 10-8　2017 年独联体国家营商指数

第三节　指数构成

独联体国家营商指数构成中，企业生存环境指数与国家安全指数对营商指数贡献较大，基础设施指数、社会服务环境指数次之，市场环境指数贡献最小。独联体国家各维度发展情况各不相同，俄罗斯的国家安全方面表现最好，指数比重最高；乌克兰的企业生存环境、基础设施发展最好，指数比重最高；阿塞拜疆的市场环境发展最好，指数比重最高；白俄罗斯的社会服务环境发展最好，指数比重最高（见图 10-9）。

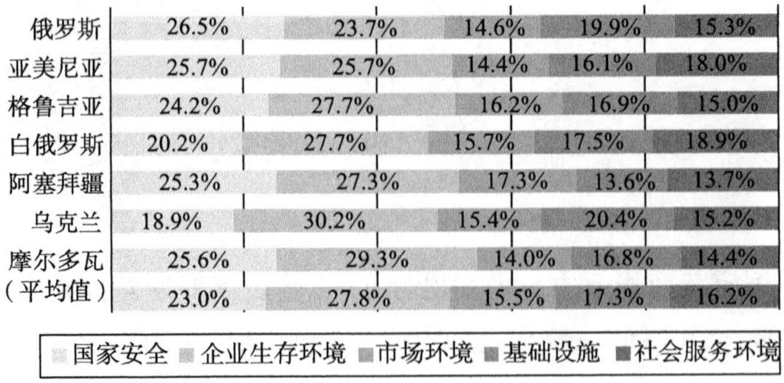

图 10-9　2017 年独联体国家营商指数构成

第四节　均衡度

独联体国家营商指数均衡性方面，摩尔多瓦、乌克兰、阿塞拜疆的发展最不均衡。摩尔多瓦的企业生存环境指数比重高于平均水平 2.1 个百分点，市场环境指数比重低于平均水平 1.4 个百分点；乌克兰的企业生存环境指数比重高于平均水平 3.0 个百分点，社会服务环境指数比重低于平均水平 1.0 个百分点；阿塞拜疆的市场环境指数比重高于平均水平 2.0 个百分点，基础设施指数比重低于平均水平 3.8 个百分点。独联体国家的不均衡度整体性较高，相对而言，独联体国家中亚美尼亚的各指数发展相对均衡（见图 10-10）。

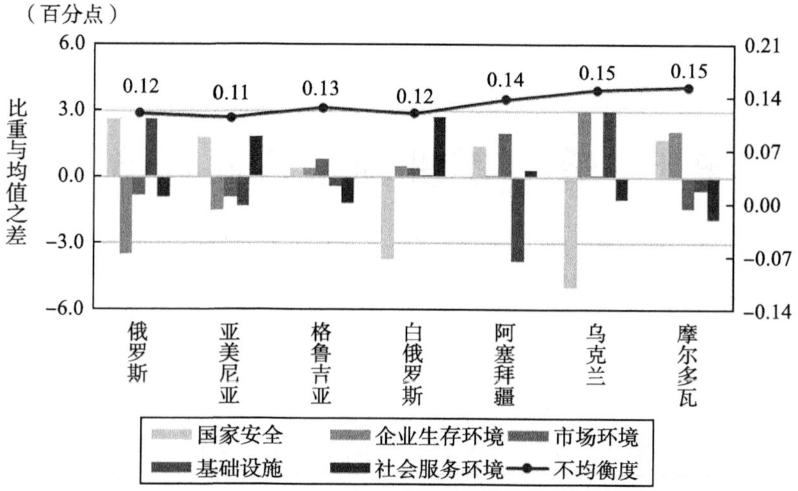

图 10-10　2017 年独联体国家营商环境均衡度

第十一章　美洲国家营商环境

第一节　各国营商环境分析

一、巴拿马

巴拿马营商环境指数为 59.0 分。在构成营商环境指数的各维度中，国家安全、企业生存环境分别得 71.9 分、67.7 分，是巴拿马营商环境的优势；市场环境、基础设施、社会服务环境维度得分较低，拉低了综合指数（见图 11-1）。

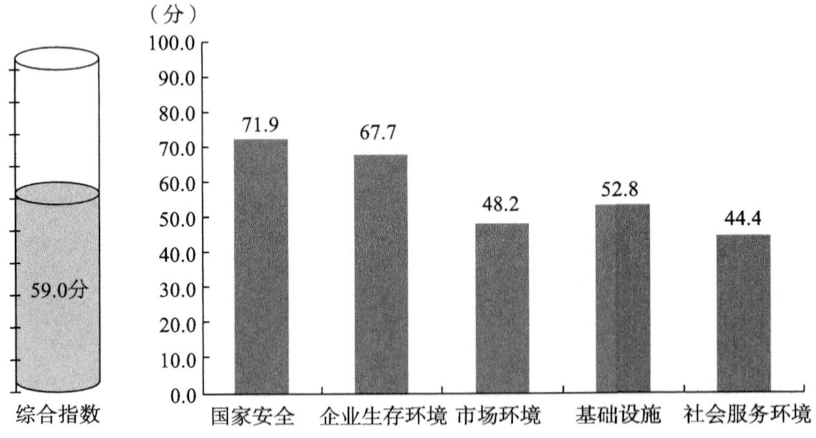

图 11-1　巴拿马营商环境指数

二、秘鲁

秘鲁营商环境指数为 58. 8 分。在构成营商环境指数的各维度中，国家安全、企业生存环境、社会服务环境分别得 65. 7 分、72. 7 分、59. 3 分，是秘鲁营商环境的优势；市场环境、基础设施维度得分较低，拉低了综合指数（见图 11-2）。

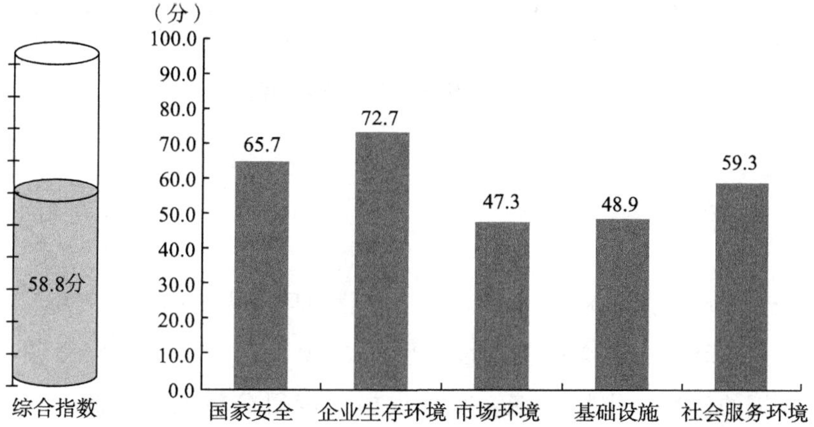

图 11-2　秘鲁营商环境指数

三、墨西哥

墨西哥营商环境指数为 55. 0 分。在构成营商环境指数的各维度中，企业生存环境、基础设施分别得 74. 1 分、57. 0 分，是墨西哥营商环境的优势；国家安全、市场环境、社会服务环境维度得分较低，拉低了综合指数（见图 11-3）。

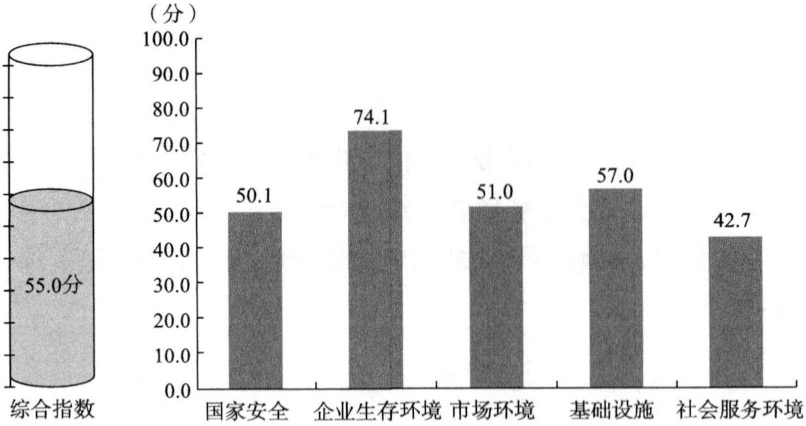

图 11-3　墨西哥营商环境指数

四、智利

智利营商环境指数为 54. 4 分。在构成营商环境指数的各维度中，国家安全、企业生存环境、社会服务环境分别得 60. 0 分、70. 6 分、56. 3 分，是智利营商环境的优势；市场环境、基础设施维度得分较低，拉低了综合指数（见图 11-4）。

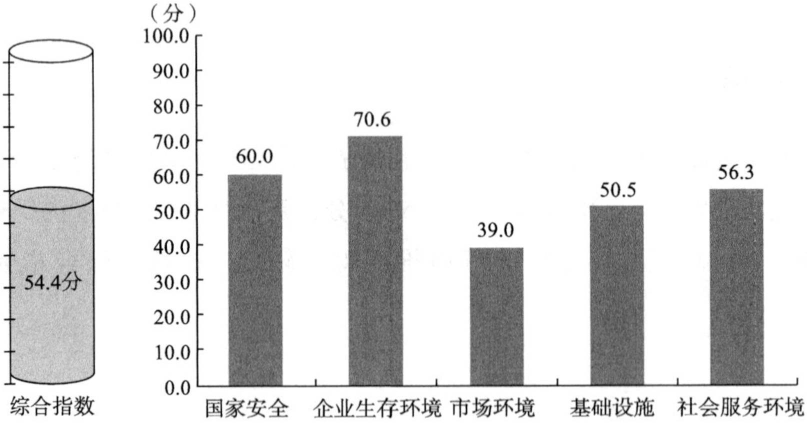

图 11-4　智利营商环境指数

五、巴西

巴西营商环境指数为49.4分。在构成营商环境指数的各维度中，企业生存环境、基础设施分别得62.9分、57.2分，是巴西营商环境的优势；国家安全、市场环境、社会服务环境维度得分较低，拉低了综合指数（见图11-5）。

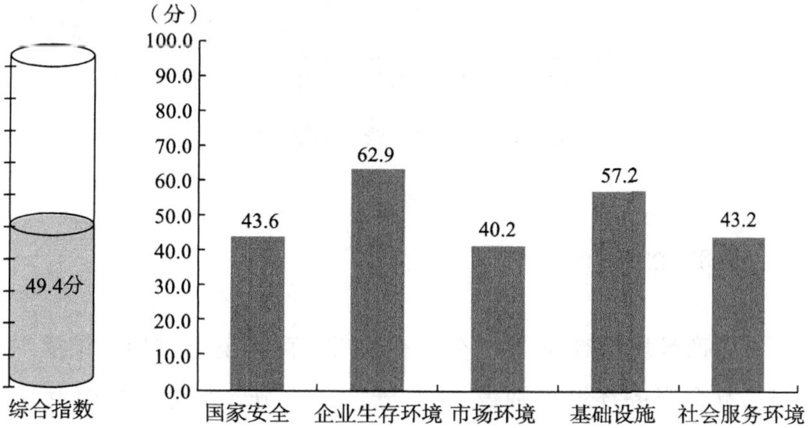

图11-5　巴西营商环境指数

六、阿根廷

阿根廷营商环境指数为49.2分。在构成营商环境指数的各维度中，国家安全、企业生存环境、基础设施分别得58.5分、65.1分、50.0分，是阿根廷营商环境的优势；市场环境、社会服务环境维度得分较低，拉低了综合指数（见图11-6）。

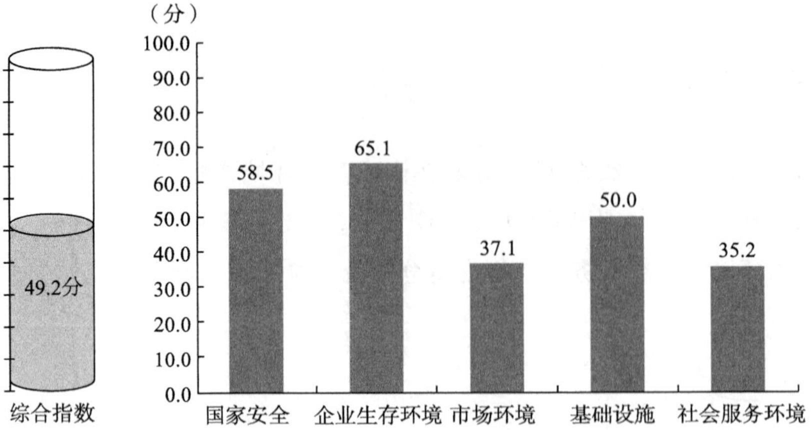

图 11-6　阿根廷营商环境指数

七、牙买加

牙买加营商环境指数为 48. 9 分。在构成营商环境指数的各维度中，企业生存环境、社会服务环境分别得 64. 1 分、55. 5 分，是牙买加营商环境的优势；国家安全、市场环境、基础设施维度得分较低，拉低了综合指数（见图 11-7）。

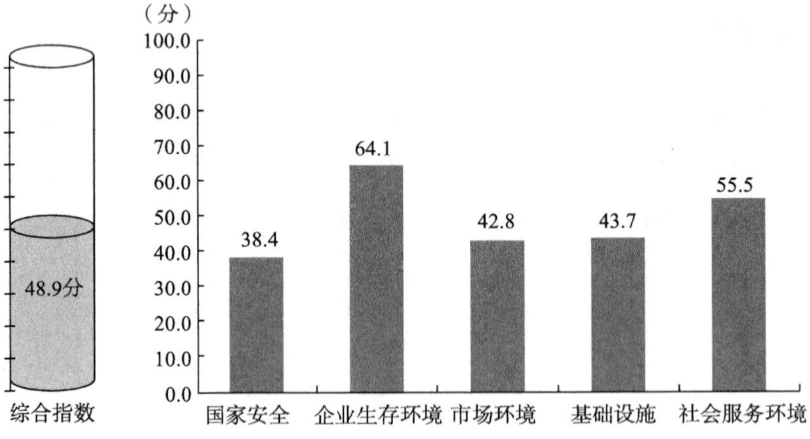

图 11-7　牙买加营商环境指数

第二节　综合指数

美洲国家营商指数中，平均得分 53.5 分。巴拿马营商指数最高，得分 59.0 分；牙买加最低，得分 48.9 分。在美洲国家中，综合指数高于平均值的国家共有 4 个，比低于平均值的国家多 1 个（见图 11-8）。

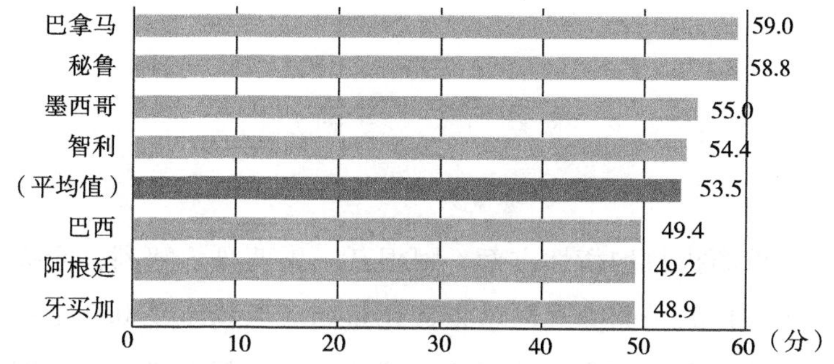

图 11-8　2017 年美洲国家营商指数

第三节　指数构成

美洲国家营商指数构成中，企业生存环境指数与国家安全指数对营商指数贡献较大，基础设施指数、社会服务环境指数次之，市场环境指数贡献较小。在美洲国家营商环境各维度中，巴拿马的国家安全发展较好，比重最高；墨西哥的企业生存环境、市场环境发展较好，比重最高；巴西的基础设施发展较好，比重最高；牙买加的社会服务环境发展较好，比重最高（见图 11-9）。

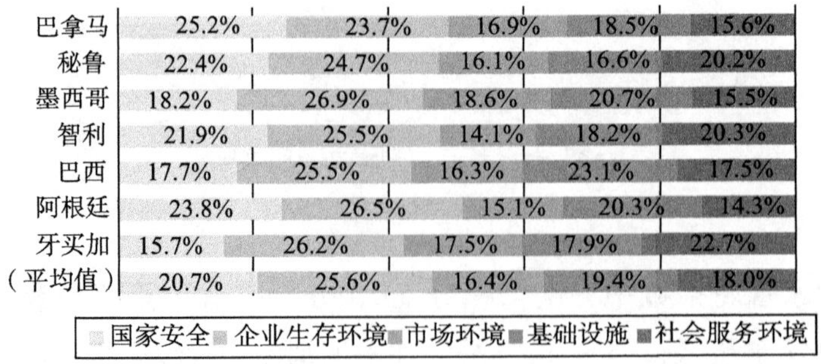

图 11-9　2017 年美洲国家营商指数构成

第四节　均衡度

美洲国家营商指数均衡性方面，阿根廷、墨西哥、智利、牙买加的发展均不均衡。阿根廷的企业生存环境指数比重高于平均水平 0.9 个百分点，社会服务环境指数比重低于平均水平 3.7 个百分点；墨西哥的国家安全指数比重高于平均水平 2.6 个百分点，社会服务环境指数比重低于平均水平 2.5 个百分点；智利的社会服务环境指数比重高于平均水平 2.3 个百分点，市场环境指数比重低于平均水平 2.3 个百分点；牙买加的社会服务环境指数比重高于平均水平 4.7 个百分点，国家安全指数比重低于平均水平 5.1 个百分点。相对而言，美洲国家中秘鲁和巴西的各指数发展相对均衡（见图 11-10）。

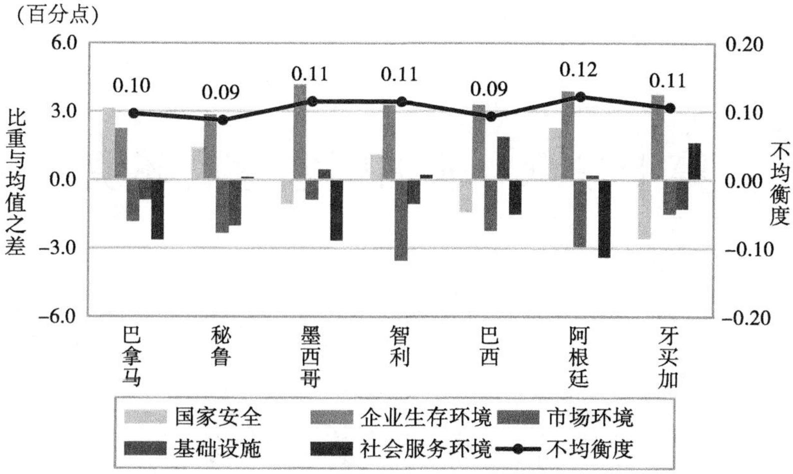

图 11-10　2017 年美洲国家营商环境均衡度

第十二章　非洲国家营商环境

第一节　各国营商环境分析

一、突尼斯

突尼斯营商环境指数为 54. 1 分。在构成营商环境指数的各维度中，国家安全、企业生存环境分别得 62. 3 分、78. 1 分，是突尼斯营商环境的优势；市场环境、基础设施、社会服务环境维度得分较低，拉低了综合指数（见图 12-1）。

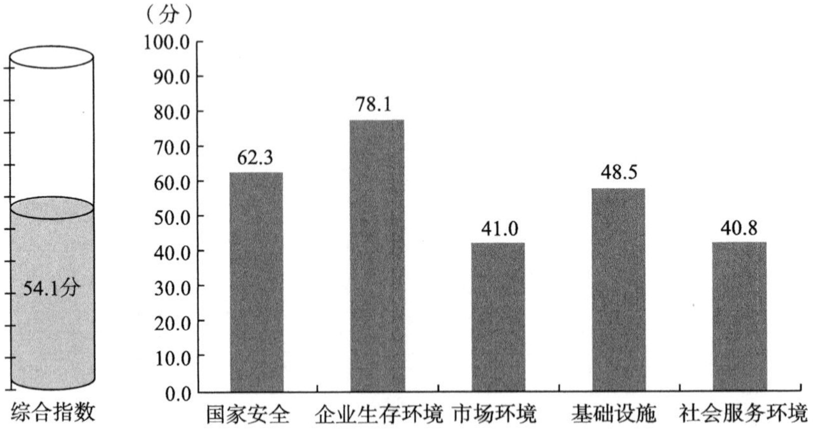

图 12-1　突尼斯营商环境指数

二、吉布提

吉布提营商环境指数为53.6分。在构成营商环境指数的各维度中，国家安全、企业生存环境分别得61.1分、65.6分，是吉布提营商环境的优势；市场环境、基础设施、社会服务环境维度得分较低，拉低了综合指数（见图12-2）。

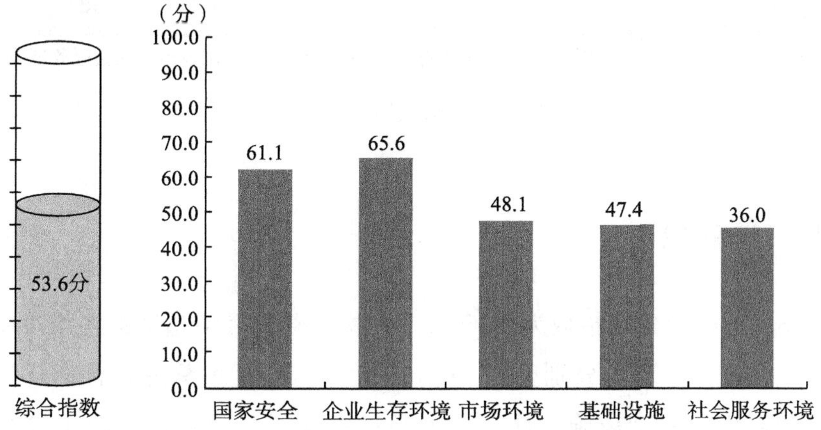

图12-2　吉布提营商环境指数

三、南非

南非营商环境指数为53.2分。在构成营商环境指数的各维度中，国家安全、企业生存环境、基础设施分别得59.4分、65.0分、54.8分，是南非营商环境的优势；市场环境、社会服务环境维度得分较低，拉低了综合指数（见图12-3）。

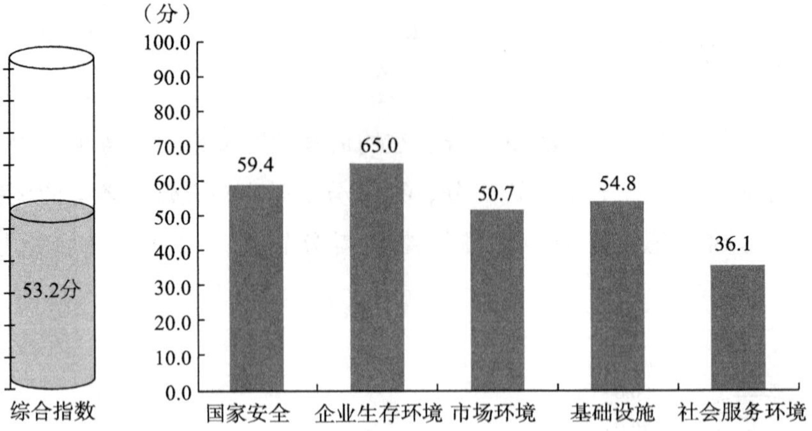

图 12-3　南非营商环境指数

四、坦桑尼亚

坦桑尼亚营商环境指数为 52. 7 分。在构成营商环境指数的各维度中，国家安全、企业生存环境分别得 65. 4 分、57. 4 分，是坦桑尼亚营商环境的优势；市场环境、基础设施、社会服务环境维度得分较低，拉低了综合指数（见图 12-4）。

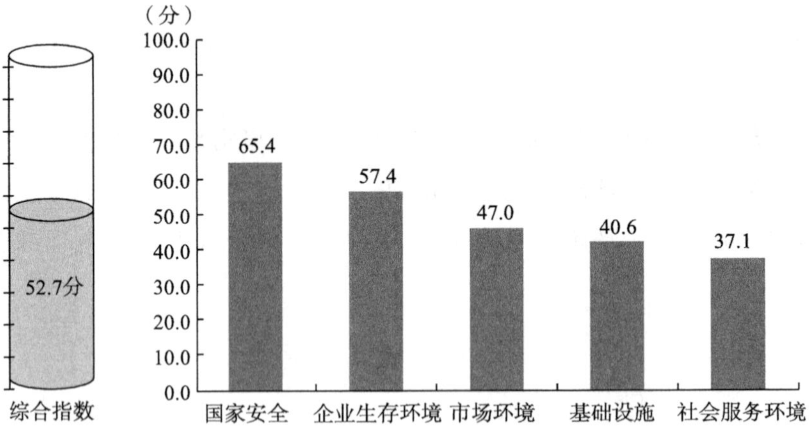

图 12-4　坦桑尼亚国家营商环境指数

五、肯尼亚

肯尼亚营商环境指数为50.8分。在构成营商环境指数的各维度中，国家安全、企业生存环境分别得64.4分、64.5分，是肯尼亚营商环境的优势；市场环境、基础设施、社会服务环境维度得分较低，拉低了综合指数（见图12-5）。

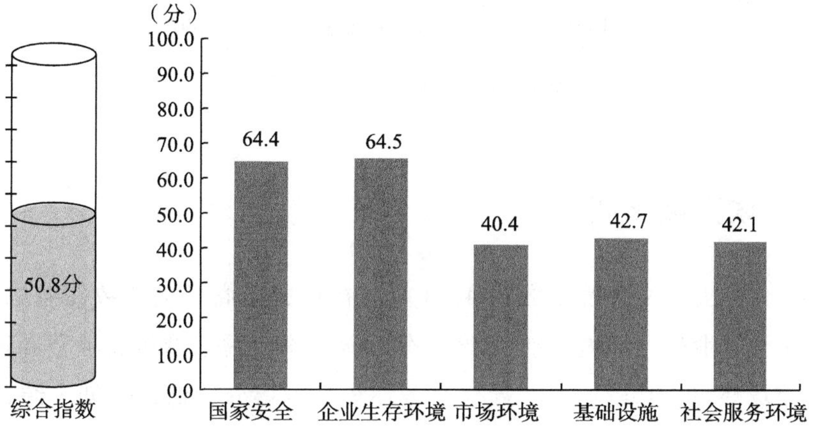

图12-5　肯尼亚营商环境指数

六、摩洛哥

摩洛哥营商环境指数为50.4分。在构成营商环境指数的各维度中，国家安全、企业生存环境分别得56.3分、71.1分，是摩洛哥营商环境的优势；市场环境、基础设施、社会服务环境维度得分较低，拉低了综合指数（见图12-6）。

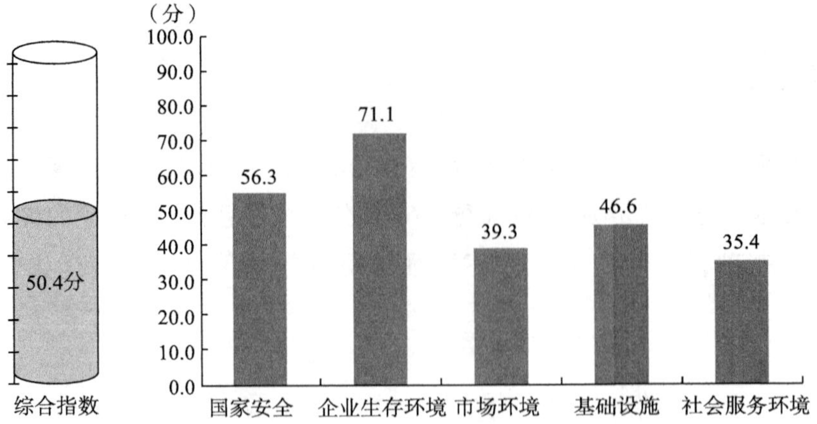

图 12-6　摩洛哥营商环境指数

七、埃塞俄比亚

埃塞俄比亚营商环境指数为 48. 4 分。在构成营商环境指数的各维度中，国家安全、企业生存环境分别得 58. 4 分、64. 3 分，是埃塞俄比亚营商环境的优势；市场环境、基础设施、社会服务环境维度得分较低，拉低了综合指数（见图 12-7）。

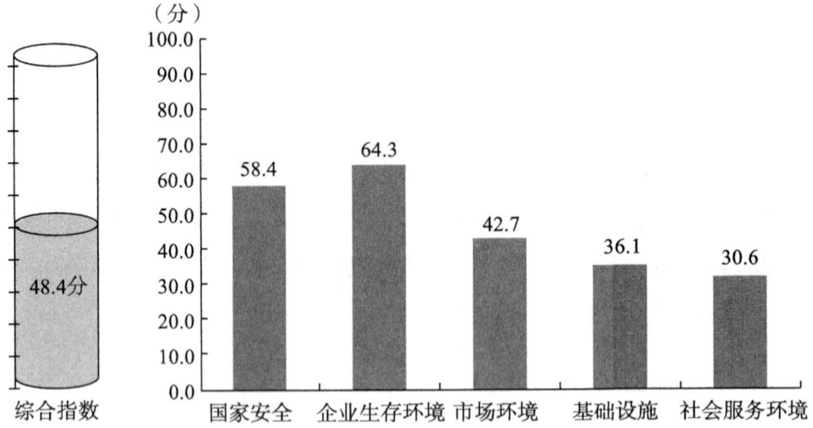

图 12-7　埃塞俄比亚营商环境指数

八、马达加斯加

马达加斯加营商环境指数为47.9分。在构成营商环境指数的各维度中，国家安全、企业生存环境分别得63.0分、72.2分，是马达加斯加营商环境的优势；市场环境、基础设施、社会服务环境维度得分较低，拉低了综合指数（见图12-8）。

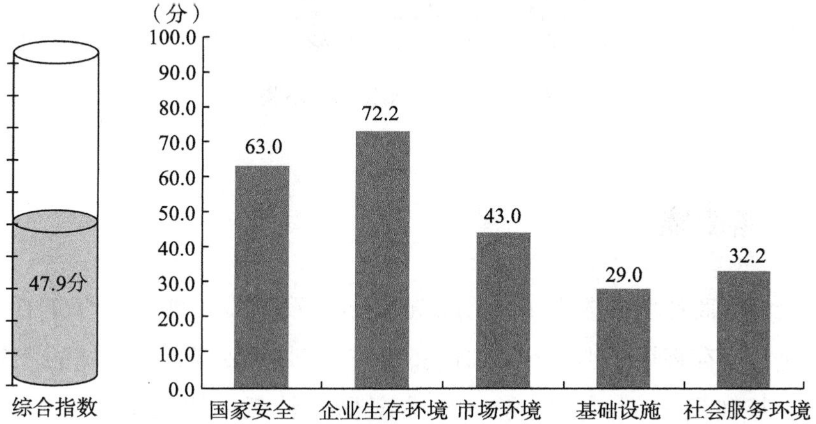

图12-8　马达加斯加营商环境指数

九、津巴布韦

津巴布韦营商环境指数为47.4分。在构成营商环境指数的各维度中，国家安全、企业生存环境分别得55.0分、62.4分，是津巴布韦营商环境的优势；市场环境、基础设施、社会服务环境维度得分较低，拉低了综合指数（见图12-9）。

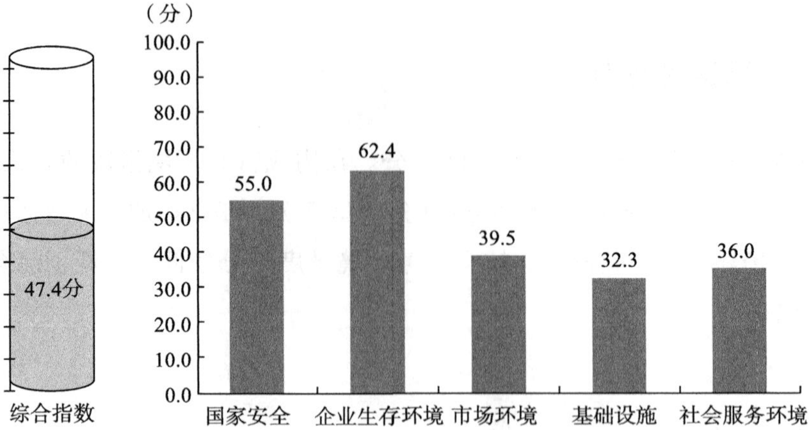

图 12-9 津巴布韦营商环境指数

十、喀麦隆

喀麦隆营商环境指数为 42.3 分。在构成营商环境指数的各维度中，国家安全、企业生存环境分别得 61.0 分、57.5 分，是喀麦隆营商环境的优势；市场环境、基础设施、社会服务环境维度得分较低，拉低了综合指数（见图 12-10）。

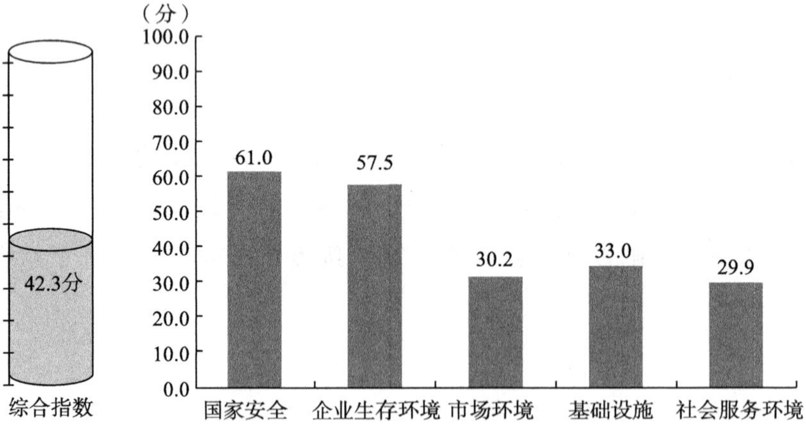

图 12-10 喀麦隆营商环境指数

第二节　综合指数

非洲国家营商指数中，平均得分 50. 1 分。突尼斯的营商指数最高，得分 54. 1 分；喀麦隆最低，得分 42. 3 分。在非洲国家中，综合指数高于平均值的国家有 6 个，综合指数低于平均值的国家有 4 个（见图 12-11）。

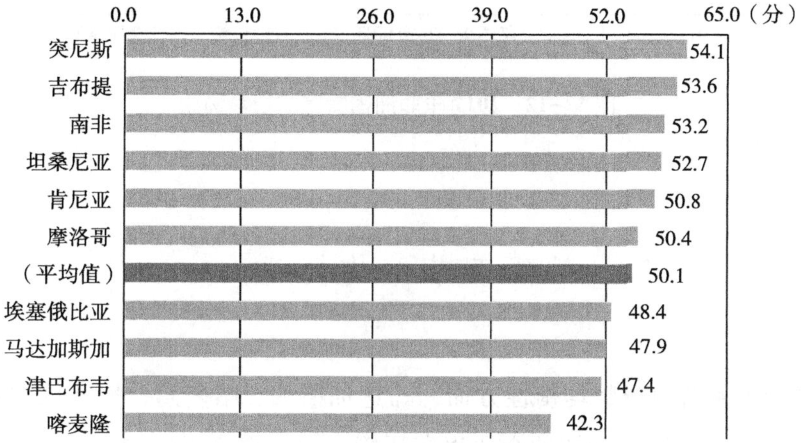

图 12-11　2017 年非洲国家营商指数

第三节　指数构成

非洲国家营商指数构成中，企业生存环境指数与国家安全指数对营商指数贡献较大，市场环境指数、基础设施指数次之，社会服务环境贡献最小。在非洲国家营商指数各维度中，喀麦隆的国家安全发展较好，马达加斯加的企业生存环境发展较好，南非的市场环境和基础设施发展较好，肯尼亚的社会服务环境发展较好（见图 12-12）。

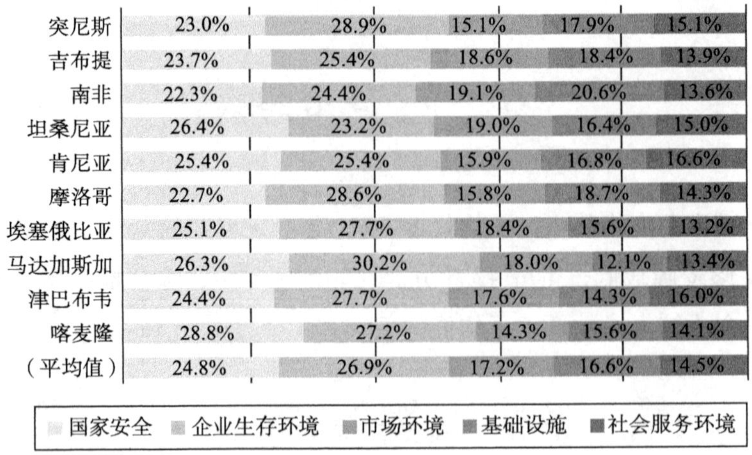

图 12-12　2017 年非洲国家营商指数构成

第四节　均衡度

非洲国家营商指数均衡性方面，马达加斯加、喀麦隆、埃塞俄比亚的发展最不均衡。马达加斯加的企业生存环境指数比重高于平均水平 3. 2 个百分点，基础设施指数比重低于平均水平 4. 6 个百分点；喀麦隆的国家安全指数比重高于平均水平 4. 1 个百分点，市场环境指数比重低于平均水平 2. 1 个百分点；埃塞俄比亚的企业生存环境指数比重高于平均水平 1. 2 个百分点，社会服务环境指数比重低于平均水平 1. 3 个百分点。相对而言，非洲国家中肯尼亚的各指数发展相对均衡（见图 12-13）。

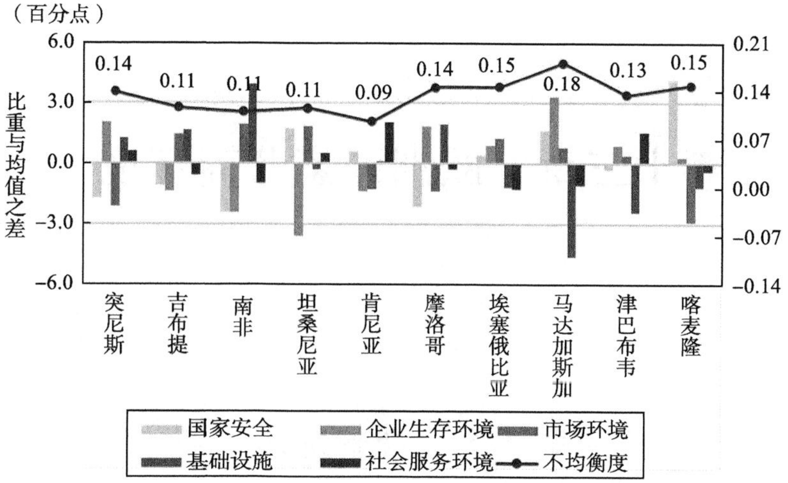

图 12-13　2017 年非洲国家营商环境均衡度

第十三章　欧洲国家营商环境

第一节　各国营商环境分析

一、德国

德国营商环境指数为 69.1 分。在构成营商环境指数的各维度中，国家安全、企业生存环境、基础设施分别得 79.0 分、75.6 分、81.9 分，是德国营商环境的优势；市场环境、社会服务环境维度得分较低，拉低了综合指数（见图 13-1）。

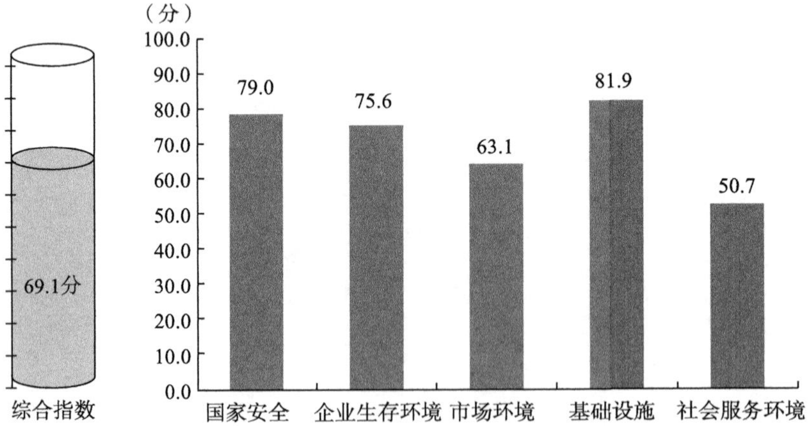

图 13-1　德国营商环境指数

二、英国

英国营商环境指数为 64. 6 分。在构成营商环境指数的各维度中，企业生存环境、基础设施分别得 71. 2 分、75. 4 分，是英国营商环境的优势；国家安全、市场环境、社会服务环境维度得分较低，拉低了综合指数（见图 13-2）。

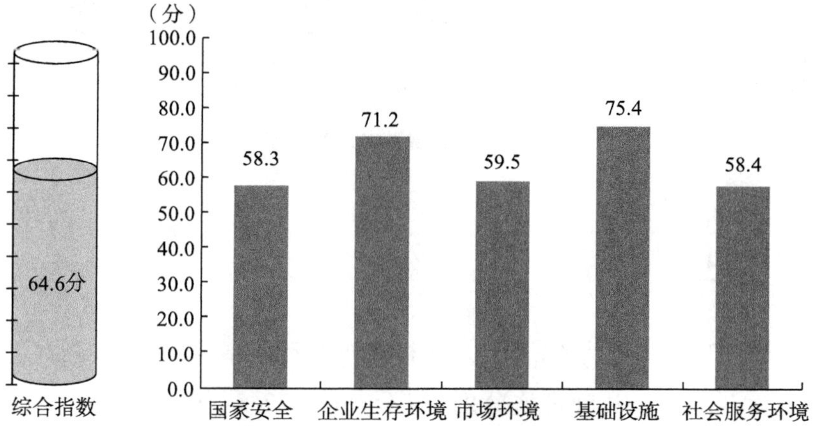

图 13-2　英国营商环境指数

三、挪威

挪威营商环境指数为 63. 6 分。在构成营商环境指数的各维度中，国家安全、企业生存环境、基础设施、社会服务环境分别得 64. 2 分、73. 0 分、66. 5 分、65. 9 分，是挪威营商环境的优势；市场环境维度得分较低，拉低了综合指数（见图 13-3）。

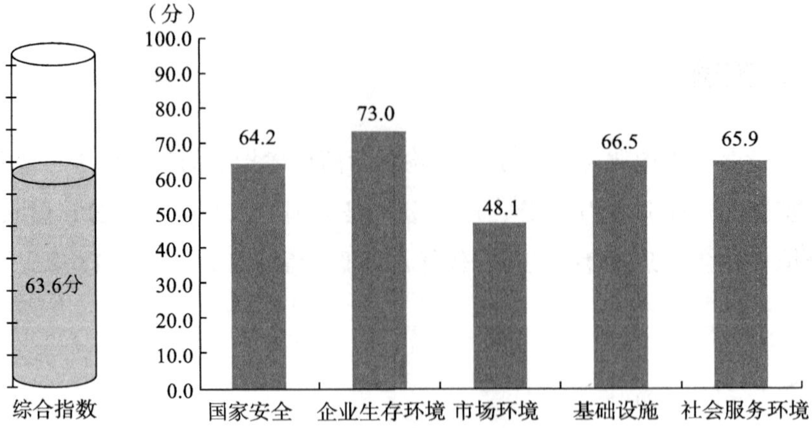

图 13-3　挪威营商环境指数

四、瑞士

瑞士营商环境指数为 62. 9 分。在构成营商环境指数的各维度中，国家安全、企业生存环境、基础设施分别得 64. 7 分、72. 5 分、70. 1 分，是瑞士营商环境的优势；市场环境、社会服务环境维度得分较低，拉低了综合指数（见图 13-4）。

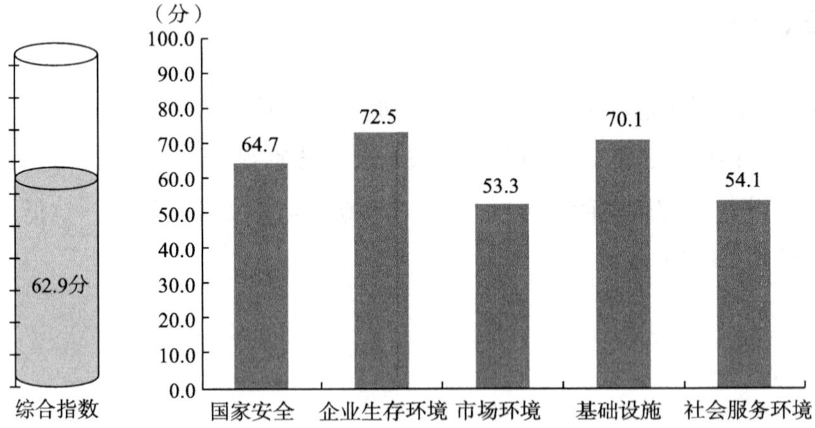

图 13-4　瑞士营商环境指数

五、芬兰

芬兰营商环境指数为 62.0 分。在构成营商环境指数的各维度中，国家安全、企业生存环境、基础设施分别得 67.0 分、79.5 分、66.6 分，是芬兰营商环境的优势；市场环境、社会服务环境维度得分较低，拉低了综合指数（见图 13-5）。

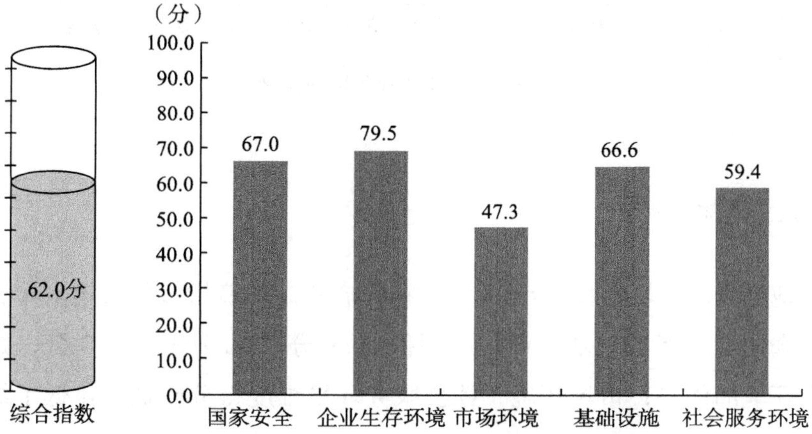

图 13-5　芬兰营商环境指数

六、法国

法国营商环境指数为 61.2 分。在构成营商环境指数的各维度中，国家安全、企业生存环境、基础设施分别得 68.4 分、76.4 分、63.8 分，是法国营商环境的优势；市场环境、社会服务环境维度得分较低，拉低了综合指数（见图 13-6）。

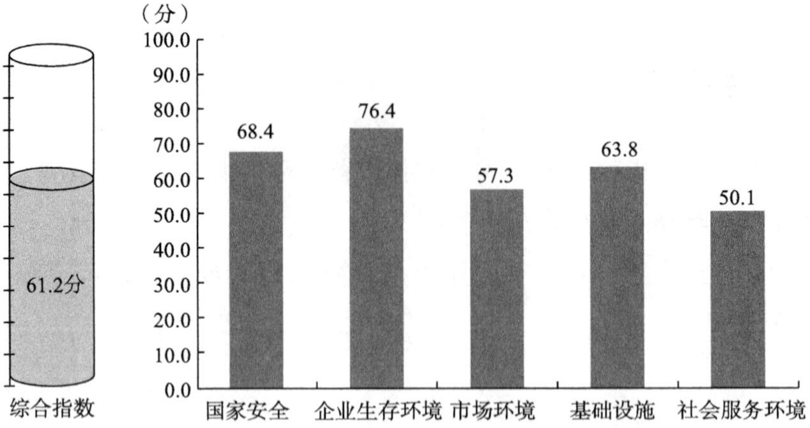

图 13-6　法国营商环境指数

七、奥地利

奥地利营商环境指数为 60.3 分。在构成营商环境指数的各维度中，国家安全、企业生存环境、基础设施分别得 63.9 分、76.9 分、63.7 分，是奥地利营商环境的优势；市场环境、社会服务环境维度得分较低，拉低了综合指数（见图 13-7）。

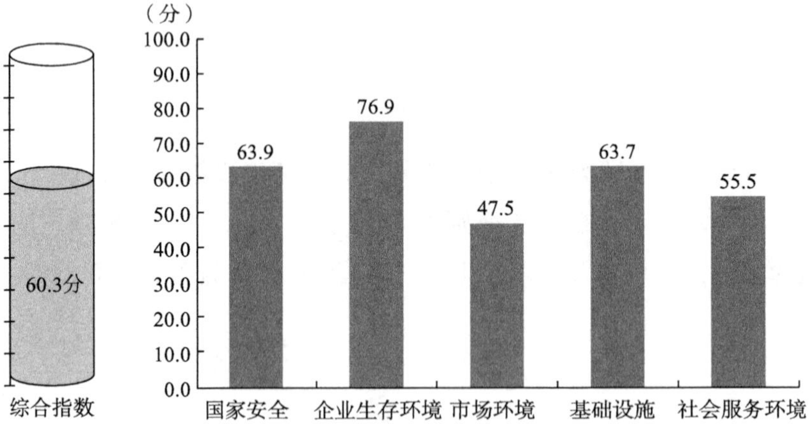

图 13-7　奥地利营商环境指数

八、荷兰

荷兰营商环境指数为 59. 3 分。在构成营商环境指数的各维度中，企业生存环境、基础设施分别得 73. 2 分、74. 8 分，是荷兰营商环境的优势；国家安全、市场环境、社会服务环境维度得分较低，拉低了综合指数（见图 13-8）。

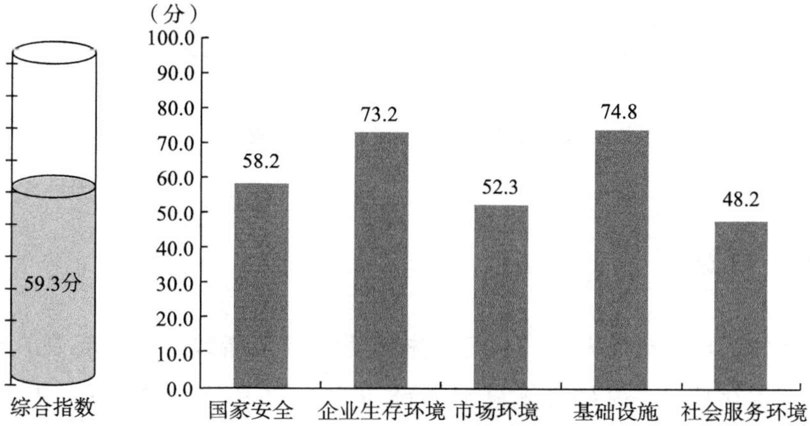

图 13-8　荷兰营商环境指数

九、爱尔兰

爱尔兰营商环境指数为 59. 1 分。在构成营商环境指数的各维度中，企业生存环境、基础设施分别得 80. 1 分、63. 4 分，是爱尔兰营商环境的优势；国家安全、市场环境、社会服务环境维度得分较低，拉低了综合指数（见图 13-9）。

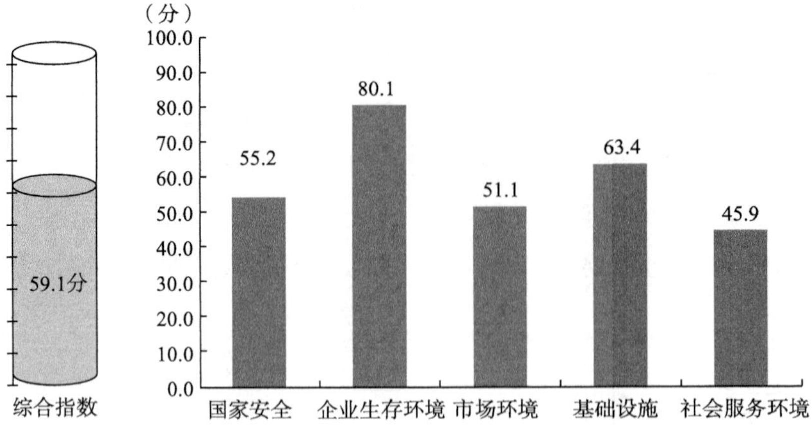

图 13-9 爱尔兰营商环境指数

十、丹麦

丹麦营商环境指数为 57. 4 分。在构成营商环境指数的各维度中，国家安全、企业生存环境、基础设施分别得 68. 2 分、79. 9 分、60. 9 分，是丹麦营商环境的优势；市场环境、社会服务环境维度得分较低，拉低了综合指数（见图 13-10）。

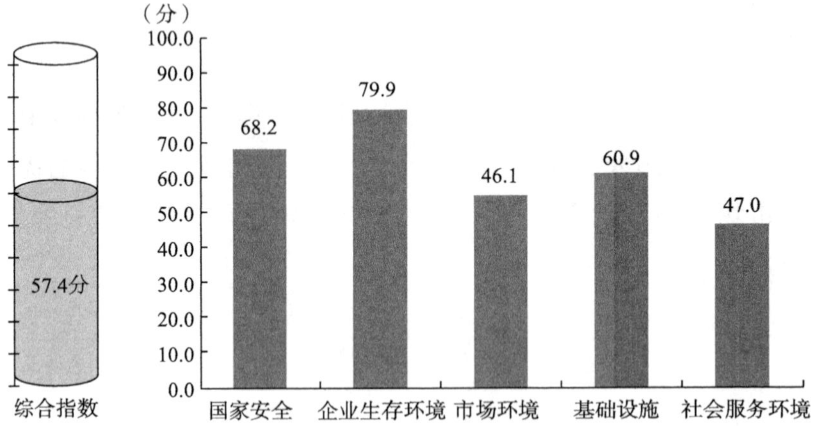

图 13-10 丹麦营商环境指数

十一、意大利

意大利营商环境指数为 55.9 分。在构成营商环境指数的各维度中，国家安全、企业生存环境、基础设施分别得 56.5 分、71.3 分、60.1 分，是意大利营商环境的优势；市场环境、社会服务环境维度得分较低，拉低了综合指数（见图 13-11）。

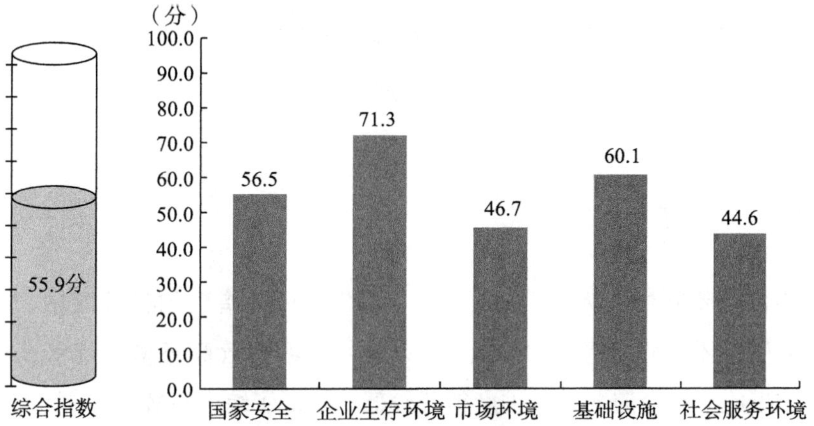

图 13-11　意大利营商环境指数

十二、西班牙

西班牙营商环境指数为 54.4 分。在构成营商环境指数的各维度中，企业生存环境、基础设施分别得 66.4 分、62.5 分，是西班牙营商环境的优势；国家安全、市场环境、社会服务环境维度得分较低，拉低了综合指数（见图 13-12）。

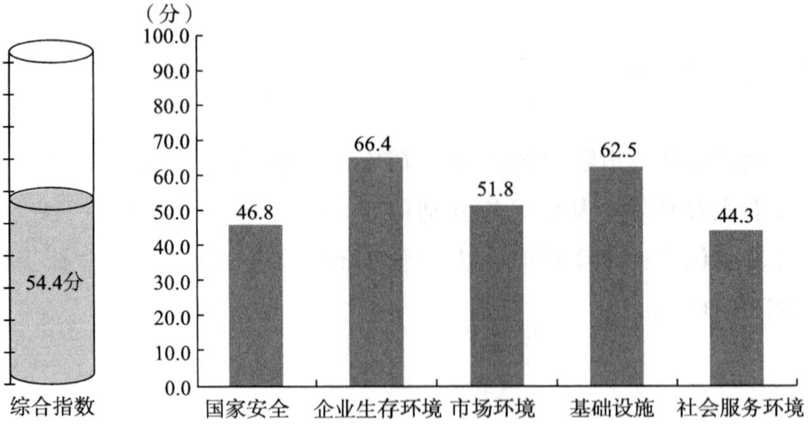

图 13-12　西班牙营商环境指数

十三、希腊

希腊营商环境指数为 53. 8 分。在构成营商环境指数的各维度中，国家安全、企业生存环境分别得 62. 8 分、60. 2 分，是希腊营商环境的优势；市场环境、基础设施、社会服务环境维度得分较低，拉低了综合指数（见图 13-13）。

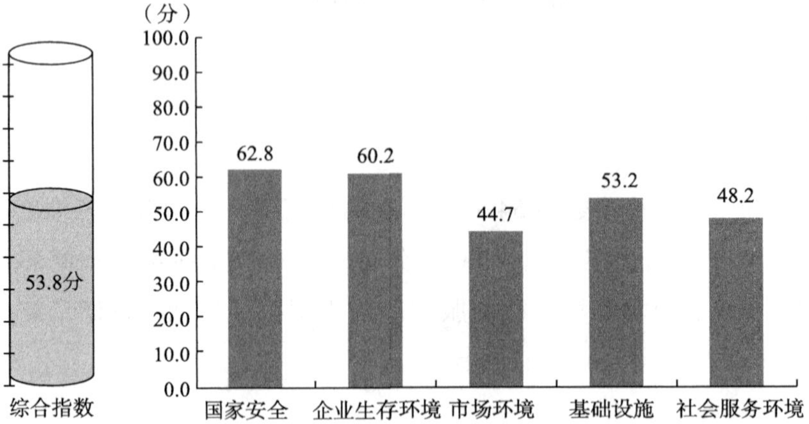

图 13-13　希腊营商环境指数

第二节 综合指数

欧洲国家营商指数中，平均得分60.3分。德国的营商指数最高，得分69.1分；希腊最低，得分53.8分。在欧洲国家中，多数国家的综合指数高于平均值，是所有区域中得分最高的区域，53.8%的国家得分高于60分（见图13-14）。

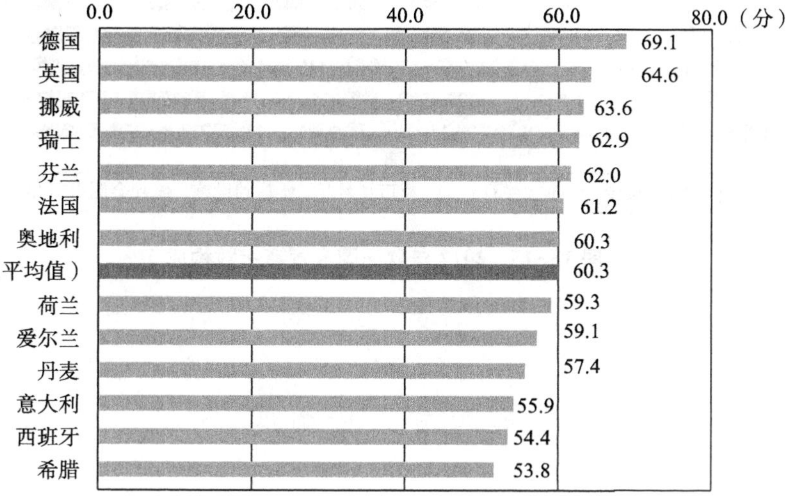

图13-14 2017年欧洲国家营商指数

第三节 指数构成

欧洲国家营商指数构成中，企业生存环境指数、基础设施指数、国家安全指数均对营商指数贡献较大，社会服务环境指数和市场环境指数贡献较小。欧洲国家营商环境各维度中，希腊的国家安全发展最好，爱尔兰的企业生存环境发展最好，西班牙的市场环境发展最好，荷兰的基础设施发展最好，挪威的社会服务环境发展最好（见图 13-15）。

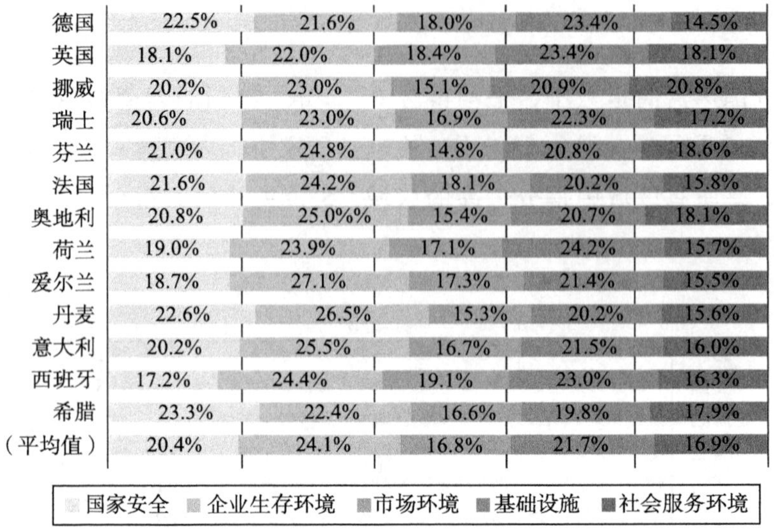

图 13-15　2017 年欧洲国家营商指数构成

第四节　均衡度

欧洲国家营商指数均衡性方面，爱尔兰、丹麦的发展最不均衡。爱尔兰的企业生存环境指数比重高于平均水平 3.0 个百分点，社会服务环境指数比重低于平均水平 1.4 个百分点；丹麦的企业生存环境指数比重高于平均水平 2.4 个百分点，市场环境指数比重低于平均水平 1.6 个百分点。相对而言，欧洲国家中，英国与瑞士的各指数发展相对均衡（见图 13-16）。

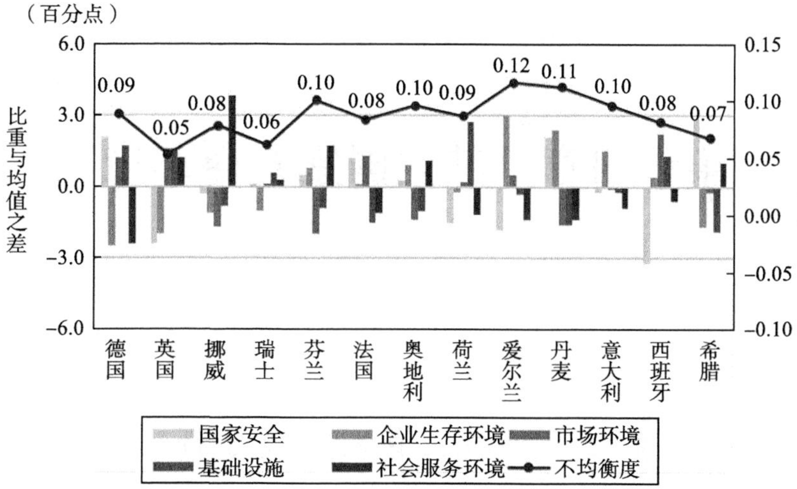

图 13-16　2017 年欧洲国家营商环境均衡度

第十四章　其他国家营商环境

第一节　各国营商环境分析

一、新西兰

新西兰营商环境指数为 62. 6 分。在构成营商环境指数的各维度中，国家安全、企业生存环境、社会服务环境分别得 67. 1 分、75. 4 分、70. 9 分，是新西兰营商环境的优势；市场环境、基础设施维度得分较低，拉低了综合指数（见图 14-1）。

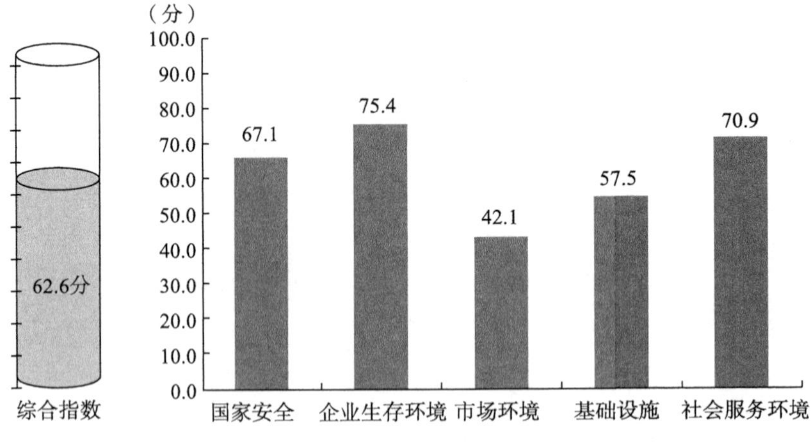

图 14-1　新西兰营商环境指数

二、韩国

韩国营商环境指数为58.0分。在构成营商环境指数的各维度中，国家安全、企业生存环境、基础设施分别得62.9分、72.9分、66.0分，是韩国营商环境的优势；市场环境、社会服务环境维度得分较低，拉低了综合指数（见图14-2）。

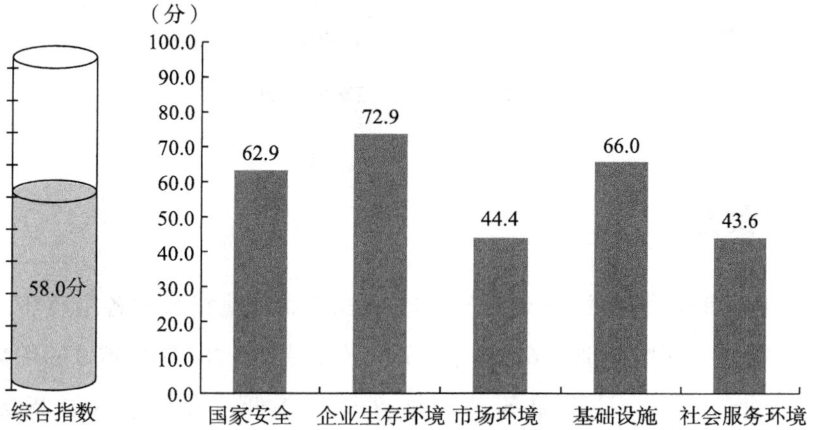

图14-2　韩国营商环境指数

三、斐济

斐济营商环境指数为54.6分。在构成营商环境指数的各维度中，国家安全、企业生存环境分别得64.7分、65.1分，是斐济营商环境的优势；市场环境、基础设施、社会服务环境维度得分较低，拉低了综合指数（见图14-3）。

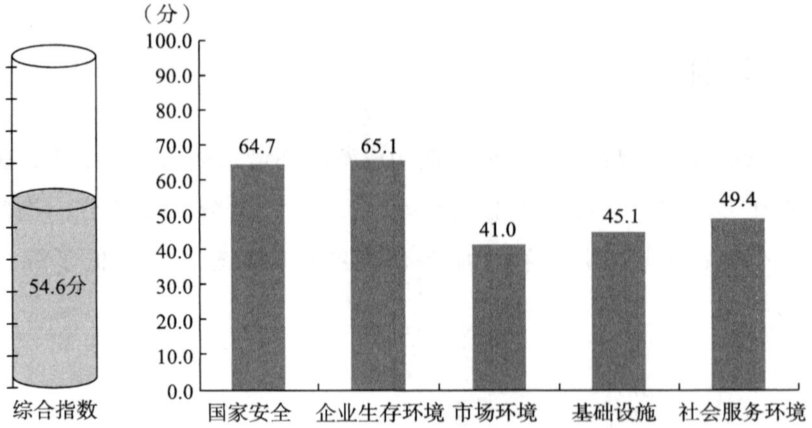

图 14-3　斐济营商环境指数

四、蒙古国

蒙古国营商环境指数为 52. 3 分。在构成营商环境指数的各维度中，国家安全、企业生存环境分别得 62. 3 分、68. 2 分，是蒙古国营商环境的优势；市场环境、基础设施、社会服务环境维度得分较低，拉低了综合指数（见图 14-4）。

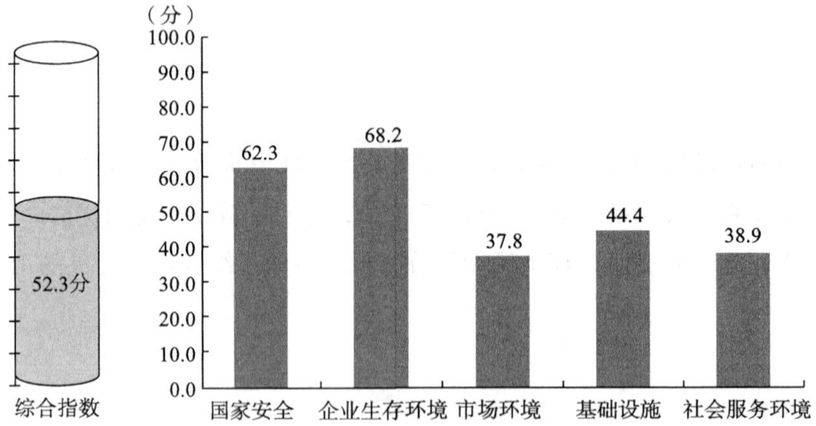

图 14-4　蒙古国营商环境指数

五、密克罗尼西亚

密克罗尼西亚营商环境指数为 51. 7 分。在构成营商环境指数的各维度中，国家安全、企业生存环境、社会服务环境分别得 65. 3 分、66. 2 分、61. 1 分，是密克罗尼西亚营商环境的优势；市场环境、基础设施维度得分较低，拉低了综合指数（见图 14-5）。

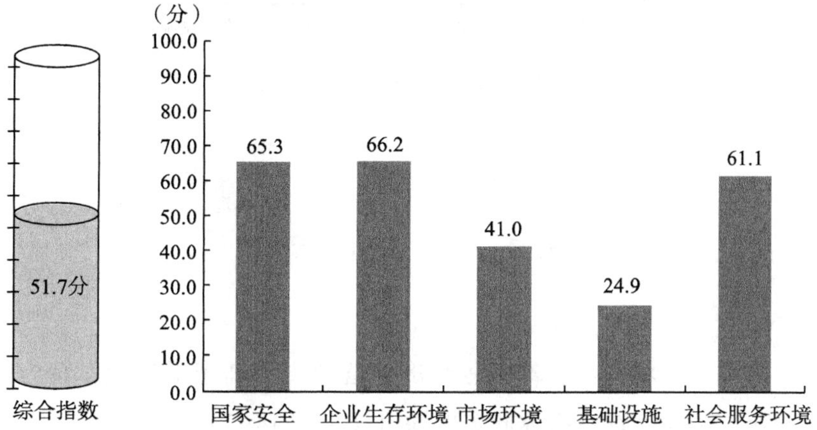

图 14-5　密克罗尼西亚营商环境指数

六、汤加

汤加营商环境指数为 48. 2 分。在构成营商环境指数的各维度中，国家安全、企业生存环境分别得 71. 9 分、65. 6 分，是汤加营商环境的优势；市场环境、基础设施、社会服务环境维度得分较低，拉低了综合指数（见图 14-6）。

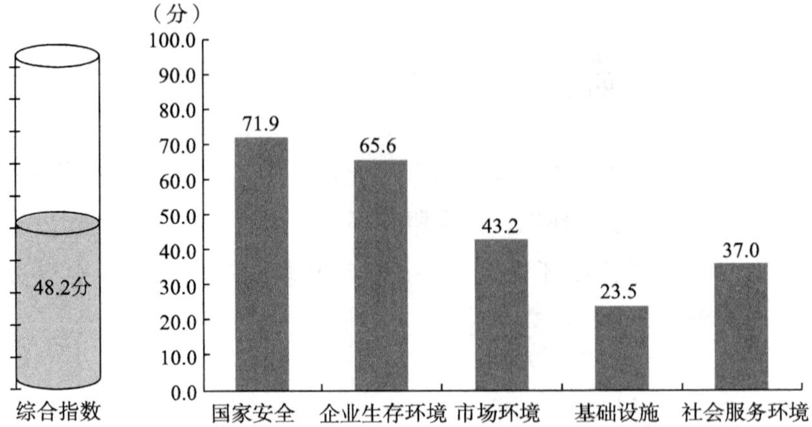

图 14-6　汤加营商环境指数

第二节　综合指数

其他国家中，新西兰、韩国、斐济的营商指数高于平均值，蒙古国、密克罗尼西亚、汤加的营商指数低于平均值（见图 14-7）。

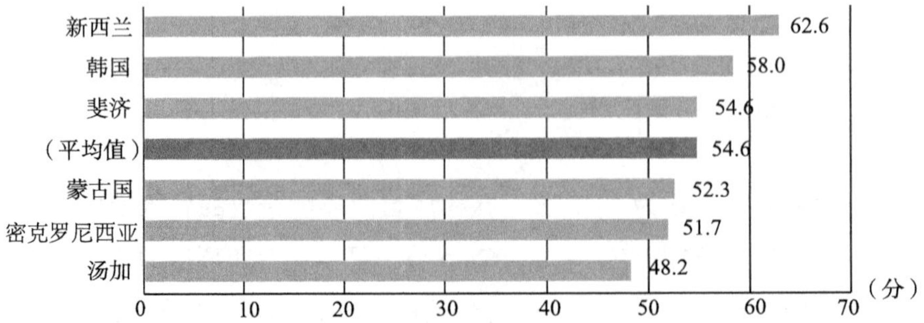

图 14-7　2017 年其他国家营商指数

第三节　指数构成

其他国家营商指数构成中，汤加的国家安全、企业生存环境、市场环境发展较好，韩国的基础设施发展较好，密克罗尼西亚的社会服务环境发展较好（见图 14-8）。

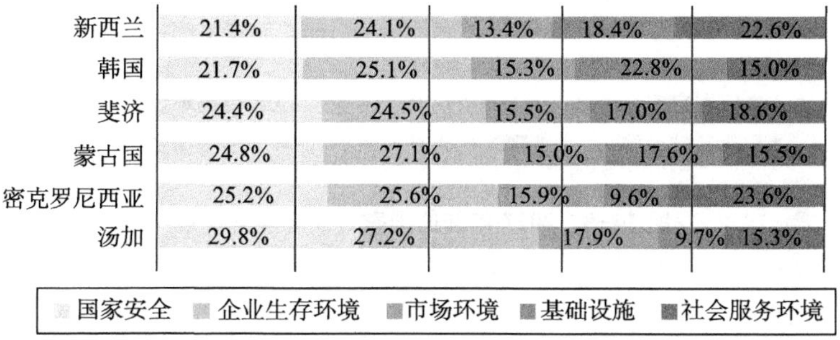

图 14-8　2017 年其他国家营商指数构成

第四节　均衡度

其他国家营商指数均衡性方面，汤加、密克罗尼西亚的发展最不均衡，且汤加是研究的 100 个国家中不均衡度最高的国家，汤加的国家安全指数比重高于平均水平 9. 8 个百分点，基础设施指数比重低于平均水平 10. 2 个百分点；密克罗尼西亚的国家安全指数、企业生存环境指数、社会服务环境指数比重分别高于平均水平 5. 2 个、5. 6 个、3. 6 个百分点，市场环境指数、基础设施指数比重分别低于平均水平 4. 1 个、10. 4 个百分点。在剩余的其他国家中，相对来说，斐济的各指数发展相对均衡（见图 14-9）。

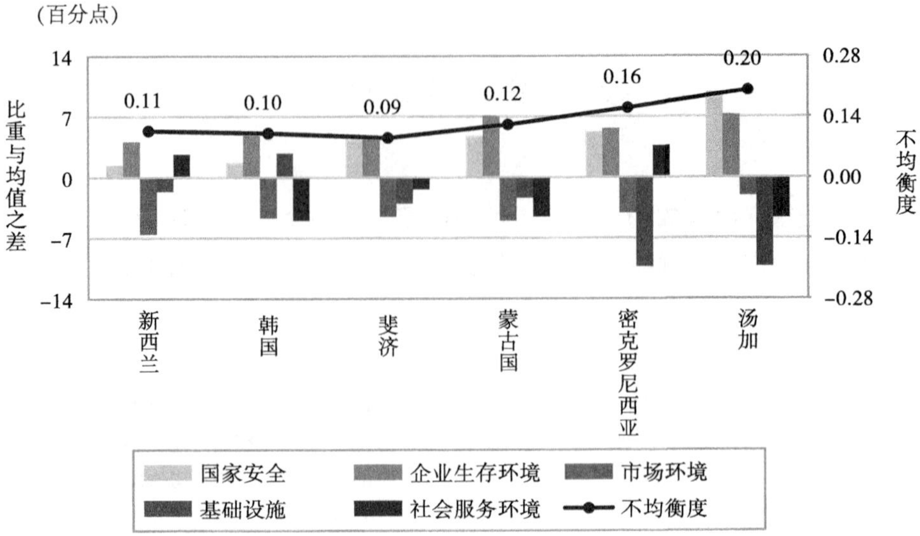

图 14-9　2017 年其他国家营商环境均衡度

附录　研究说明及数据列表

一、数据来源

1. 中国“一带一路”网（https：//www. y Ⅰ da Ⅰ y Ⅰ lu. gov. cn/）公开发布的资讯信息、领导人活动、双边文件、政策法规、各国概况等栏目的文本数据。

2. 中华人民共和国外交部网站（http：//www. fmprc. gov. cn/web/）公开发布的外交动态、领导人活动、重要讲话、条约文件、声明公报、建交国家等栏目的文本数据。

3. “一带一路”国际合作高峰论坛官网（http：//www. beltandroadfor-um. org/）发布的动态新闻、参考信息等栏目的文本数据。

4. 中华人民共和国商务部网站（http：//www. mofcom. gov. cn/）公开发布的规划计划、分析报告、商务法规、数据中心等栏目的文本数据及统计数据。

5. 2017 年互联网中关于“一带一路”的文本数据。

6. 世界银行（http：//www. sh Ⅰ hang. org/）的统计数据。

采用大数据技术及工具对互联网文本数据进行采集、清洗，剔除垃圾数据，规范数据结构，利用聚类方法给文本数据加上特征标签，构建“一带一路”产业投资数据库。

二、国家及区域划分

本书所涉及的“一带一路”国家，包含中国“一带一路”网上“国际合作/各国概况”栏目所列出的72个“一带一路”国家，并选择“一带一路”倡议提出以来明确表现出参与意愿的28个国家，共计100个国家。为便于分析，本书依据国家的地理特征、经济体、区域联盟成员等信息对响应“一带一路”倡议国家进行区域分类，课题后续分析均依据此分类：

东南亚国家：11个国家，包含东帝汶及东盟10国（新加坡、马来西亚、泰国、印度尼西亚、菲律宾、文莱、柬埔寨、缅甸、老挝、越南）。

中东地区：17个国家，包含阿拉伯联合酋长国、阿曼、巴勒斯坦、巴林、卡塔尔、科威特、黎巴嫩、塞浦路斯、沙特阿拉伯、土耳其、叙利亚、也门、伊拉克、伊朗、以色列、约旦、埃及。

中亚地区：5个国家，包含哈萨克斯坦、吉尔吉斯斯坦、塔吉克斯坦、土库曼斯坦、乌兹别克斯坦。

独联体国家：7个国家，包含阿塞拜疆、白俄罗斯、俄罗斯、格鲁吉亚、摩尔多瓦、乌克兰、亚美尼亚。

中东欧国家：16个国家，包含阿尔巴尼亚、爱沙尼亚、保加利亚、波黑、波兰、黑山、捷克、克罗地亚、拉脱维亚、立陶宛、罗马尼亚、马其顿、塞尔维亚、斯洛伐克、斯洛文尼亚、匈牙利。

南盟国家：8个国家，包含阿富汗、巴基斯坦、不丹、马尔代夫、孟加拉国、尼泊尔、斯里兰卡、印度。

美洲地区：7个国家，包含墨西哥、牙买加、巴拿马、阿根廷、巴西、秘鲁、智利。

非洲地区：10个国家，包含突尼斯、摩洛哥、埃塞俄比亚、吉布提、肯尼亚、坦桑尼亚、津巴布韦、喀麦隆、马达加斯加、南非。

欧洲地区：13个国家，包含丹麦、芬兰、挪威、奥地利、德国、瑞士、爱尔兰、法国、荷兰、英国、希腊、西班牙、意大利。

其他国家：6个国家，包含韩国、蒙古国、斐济、密克罗尼西亚、汤加、新西兰。

三、双边及多边文件

序号	国家	地区	时间	文件
1	菲律宾	东南亚	2017/11/16	《中华人民共和国政府和菲律宾共和国政府联合声明》
2	柬埔寨	东南亚	2016/10/14	《中华人民共和国和柬埔寨王国关于编制共同推进“一带一路”建设合作规划纲要的谅解备忘录》
3	老挝	东南亚	2016/09/09	《中华人民共和国和老挝人民民主共和国关于编制共同推进“一带一路”建设合作规划纲要的谅解备忘录》
4	马来西亚	东南亚	2015/11/24	《中华人民共和国和马来西亚联合声明》
5	缅甸	东南亚	2014/11/15	《中华人民共和国与缅甸联邦共和国关于深化两国全面战略合作的联合声明》
6	泰国	东南亚	2014/12/24	《中华人民共和国政府和泰王国政府联合新闻公报》
7	文莱	东南亚	2016/01/26	《文莱—广西经济走廊经贸合作谅解备忘录》
8	新加坡	东南亚	2015/11/07	《中华人民共和国和新加坡共和国关于建立与时俱进的全方位合作伙伴关系的联合声明》
9	印度尼西亚	东南亚	2015/03/27	《中国和印尼关于加强两国全面战略伙伴关系的联合声明》
10	越南	东南亚	2017/11/14	《中越联合声明》
11	东帝汶	东南亚	2014/04/14	《中华人民共和国和东帝汶民主共和国关于建立睦邻友好、互信互利的全面合作伙伴关系联合声明》
12	阿拉伯联合酋长国	中东地区	2017/06/09	《中华人民共和国国家发展和改革委员会与阿拉伯联合酋长国经济部关于加强产能与投资合作的框架协议》
13	阿曼	中东地区	2017/04/23	《“一带一路”倡议花开阿曼、中阿产能合作提速》

续表

序号	国家	地区	时间	文件
14	巴勒斯坦	中东地区	2015/05/20	《巴勒斯坦期待“一带一路”带来和平与发展机遇》
15	巴林	中东地区	2017/05/11	《巴林成为海湾地区“一带一路”建设中的重要国家——访中国驻巴林大使戚振宏》
16	卡塔尔	中东地区	2014/11/03	《中华人民共和国和卡塔尔国关于建立战略伙伴关系的联合声明》
17	科威特	中东地区	2014/06/04	《科中关于丝绸之路经济带和科威特丝绸城建设合作谅解备忘录》
18	黎巴嫩	中东地区	2018/04/18	《“一带一路”投资安全指数普遍提升　东南亚地区仍是流向重点》
19	塞浦路斯	中东地区	2016/12/13	《塞浦路斯表示愿成为“一带一路”参与者和建设者》
20	沙特阿拉伯	中东地区	2016/01/20	《中华人民共和国政府与沙特阿拉伯王国政府关于共同推进丝绸之路经济带和21世纪海上丝绸之路以及开展产能合作的谅解备忘录》
21	土耳其	中东地区	2015/11/15	《习近平会见土耳其总统　签署“一带一路”谅解备忘录》
22	叙利亚	中东地区	2017/09/24	《王毅会见叙利亚外长：欢迎叙参与“一带一路”建设》
23	也门	中东地区	2016/02/16	《也门总统哈迪表示愿同中方共同推动“一带一路”建设》
24	伊拉克	中东地区	2017/03/16	《中华人民共和国和伊拉克共和国关于建立战略伙伴关系的联合声明》
25	伊朗	中东地区	2016/01/23	《中华人民共和国政府和伊朗伊斯兰共和国政府关于共同推进“丝绸之路经济带”和“21世纪海上丝绸之路”建设的谅解备忘录》
26	以色列	中东地区	2017/03/21	《中华人民共和国和以色列国关于建立创新全面伙伴关系的联合声明》

续表

序号	国家	地区	时间	文件
27	约旦	中东地区	2015/09/09	《中华人民共和国和约旦哈希姆王国关于建立战略伙伴关系的联合声明》
28	埃及	中东地区	2016/01/21	《中华人民共和国政府和阿拉伯埃及共和国政府关于共同推进丝绸之路经济带和 21 世纪海上丝绸之路建设的谅解备忘录》
29	哈萨克斯坦	中亚	2016/10/24	《中华人民共和国政府和哈萨克斯坦共和国政府关于“丝绸之路经济带”建设与“光明之路”新经济政策对接合作规划》
30	吉尔吉斯斯坦	中亚	2017/03/16	《中华人民共和国政府和吉尔吉斯共和国政府联合公报》
31	塔吉克斯坦	中亚	2015/09/06	《关于编制中塔合作规划纲要的谅解备忘录》
32	土库曼斯坦	中亚	2014/05/12	《中华人民共和国和土库曼斯坦关于发展和深化战略伙伴关系的联合宣言》
33	乌兹别克斯坦	中亚	2015/06/17	《关于在落实建设“丝绸之路经济带”倡议框架下扩大互利经贸合作的议定书》
34	阿塞拜疆	独联体	2015/12/10	《中华人民共和国政府和阿塞拜疆共和国政府关于共同推进丝绸之路经济带建设的谅解备忘录》
35	白俄罗斯	独联体	2014/12/23	《中国商务部和白俄罗斯经济部关于共建“丝绸之路经济带”合作议定书》
36	俄罗斯	独联体	2017/03/16	《中华人民共和国与俄罗斯联邦关于丝绸之路经济带建设和欧亚经济联盟建设对接合作的联合声明》
37	格鲁吉亚	独联体	2015/03/11	《中国和格鲁吉亚关于加强共建丝绸之路经济带合作备忘录》
38	摩尔多瓦	独联体	2015/04/22	《共建“一带一路”，实现互利共赢》
39	乌克兰	独联体	2017/06/16	《刘军参赞出席“一带一路”中乌战略关系论坛》

续表

序号	国家	地区	时间	文件
40	亚美尼亚	独联体	2015/03/25	《亚美尼亚共和国和中华人民共和国关于进一步发展和深化友好合作关系的联合声明》
41	阿尔巴尼亚	中东欧	2017/04/18	《中国和阿尔巴尼亚关于共同推进“一带一路”合作备忘录》
42	爱沙尼亚	中东欧	2015/11/23	《“一带一路”为中爱带来巨大机遇》
43	保加利亚	中东欧	2015/11/26	《中国和保加利亚关于共同推进“一带一路”建设谅解备忘录》
44	波黑	中东欧	2018/05/07	《中华人民共和国政府和波黑部长会议关于互免持普通护照人员签证的协定》
45	波兰	中东欧	2015/11/26	《中波关于共同推进“一带一路”建设的谅解备忘录》
46	黑山	中东欧	2016/11/06	《中国—中东欧国家合作里加纲要》
47	捷克	中东欧	2015/11/26	《中国和捷克关于共同推进“一带一路”建设的谅解备忘录》
48	克罗地亚	中东欧	2016/11/06	《中国—中东欧国家合作里加纲要》
49	拉脱维亚	中东欧	2016/11/07	《中国和拉脱维亚关于共同推进“一带一路”建设合作备忘录》
50	立陶宛	中东欧	2017/04/15	《中国—中东欧国家合作里加纲要》
51	罗马尼亚	中东欧	2016/10/23	《中国和罗马尼亚关于推进“一带一路”建设的谅解备忘录》
52	马其顿	中东欧	2015/11/26	《中国—中东欧国家合作里加纲要》
53	塞尔维亚	中东欧	2015/11/26	《中国和塞尔维亚关于共同推进“一带一路”建设谅解备忘录》
54	斯洛伐克	中东欧	2015/11/26	《中国和斯洛伐克关于共同推进“一带一路”建设谅解备忘录》
55	斯洛文尼亚	中东欧	2017/04/16	《中国—中东欧国家合作里加纲要》

续表

序号	国家	地区	时间	文件
56	匈牙利	中东欧	2015/06/07	《中华人民共和国政府和匈牙利政府关于共同推进丝绸之路经济带和21世纪海上丝绸之路建设的谅解备忘录》
57	阿富汗	南盟	2017/03/16	《中华人民共和国和阿富汗伊斯兰共和国联合声明》
58	巴基斯坦	南盟	2015/04/21	《中华人民共和国和巴基斯坦伊斯兰共和国关于建立全天候战略合作伙伴关系的联合声明》
59	不丹	南盟	2017/07/05	《不丹媒体怒斥印军闯入中国：阻挠中不边界谈判》
60	马尔代夫	南盟	2014/12/17	《中华人民共和国商务部和马尔代夫共和国经济发展部关于在中马经贸联委会框架下共同推进21世纪海上丝绸之路建设的谅解备忘录》
61	孟加拉国	南盟	2016/10/15	《中华人民共和国和孟加拉人民共和国关于建立战略合作伙伴关系的联合声明》
62	尼泊尔	南盟	2014/12/17	《中华人民共和国商务部和尼泊尔政府财政部关于在中尼经贸联委会框架下共同推进丝绸之路经济带建设的谅解备忘录》
63	斯里兰卡	南盟	2017/03/16	《中华人民共和国和斯里兰卡民主社会主义共和国联合声明》
64	印度	南盟	2015/05/14	《习近平会见印度总理莫迪》
65	墨西哥	美洲	2017/09/04	《习近平会见墨西哥总统培尼亚》
66	牙买加	美洲	2017/09/12	《牙买加总督艾伦和总理霍尔尼斯分别会见杨洁篪》
67	巴拿马	美洲	2017/11/24	《关于共同推进丝绸之路经济带和21世纪海上丝绸之路建设的谅解备忘录》
68	阿根廷	美洲	2017/05/18	《中华人民共和国和阿根廷共和国联合声明》

续表

序号	国家	地区	时间	文件
69	巴西	美洲	2017/09/01	《习近平同巴西总统特梅尔举行会谈　两国元首一致同意推动中巴全面战略伙伴关系取得新的更大发展》
70	秘鲁	美洲	2017/05/16	“一带一路”国际合作高峰论坛
71	智利	美洲	2017/05/15	《中华人民共和国和智利共和国联合声明》
72	突尼斯	非洲	2017/07/10	《中华人民共和国政府和突尼斯共和国政府关于互设文化中心的协定》
73	摩洛哥	非洲	2017/11/18	《中华人民共和国政府与摩洛哥王国政府关于共同推进丝绸之路经济带和21世纪海上丝绸之路的谅解备忘录》
74	埃塞俄比亚	非洲	2016/12/14	《关于公共卫生合作的谅解备忘录》
75	吉布提	非洲	2017/11/23	《习近平同吉布提总统盖莱举行会谈》
76	肯尼亚	非洲	2017/05/16	《中国进出口银行与肯尼亚签署工业园、输变电、风电、水坝、卫星、液压器厂等项目贷款协议》
77	坦桑尼亚	非洲	2017/05/16	《中国国家质量监督检验检疫总局与坦桑尼亚等国相关部门签署检验检疫合作协议》
78	津巴布韦	非洲	2018/04/03	《习近平同津巴布韦总统姆南加古瓦举行会谈》
79	喀麦隆	非洲	2018/03/22	《习近平同喀麦隆总统比亚举行会谈　两国元首一致同意推动中喀关系迈向更高水平》
80	马达加斯加	非洲	2017/08/18	《中国政府援马达加斯加打井项目实施协议》
81	南非	非洲	2015/11/18	《南非和中国签订核能合作协议》
82	丹麦	欧洲	2017/05/02	《丹麦首相：在多层面积极参与“一带一路”》
83	芬兰	欧洲	2017/04/05	《中华人民共和国和芬兰共和国关于建立和推进面向未来的新型合作伙伴关系的联合声明》
84	挪威	欧洲	2017/05/16	《中国国家质量监督检验检疫总局与挪威等国相关部门签署检验检疫合作协议》
85	奥地利	欧洲	2018/04/08	《中国与奥地利在“一带一路”框架下合作潜力巨大——访奥地利总理塞巴斯蒂安·库尔茨》

续表

序号	国家	地区	时间	文件
86	德国	欧洲	2018/03/18	《习近平同德国总理默克尔通电话》
87	瑞士	欧洲	2017/05/13	《习近平会见瑞士联邦主席洛伊特哈德》
88	爱尔兰	欧洲	2017/05/16	《中国国家质量监督检验检疫总局与爱尔兰等国相关部门签署检验检疫合作协议》
89	法国	欧洲	2018/01/10	《中华人民共和国和法兰西共和国联合声明》
90	荷兰	欧洲	2018/02/07	《李克强会见荷兰国王威廉-亚历山大》
91	英国	欧洲	2015/10/22	《中英关于构建面向21世纪全球全面战略伙伴关系的联合宣言》
92	希腊	欧洲	2016/07/05	《中华人民共和国和希腊共和国关于加强全面战略伙伴关系的联合声明》
93	西班牙	欧洲	2017/05/14	《习近平会见西班牙首相拉霍伊》
94	意大利	欧洲	2017/05/16	《中意关于加强经贸、文化和科技合作的行动计划（2017—2020年）》
95	韩国	其他	2017/05/13	《韩中自贸协定》
96	蒙古国	其他	2016/09/14	《建设中蒙俄经济走廊规划纲要》
97	斐济	其他	2017/05/16	《“一带一路”国际合作高峰论坛成果清单（全文）》
98	密克罗尼西亚	其他	2017/03/27	《习近平同密克罗尼西亚联邦总统克里斯琴举行会谈》
99	汤加	其他	2018/03/02	《中华人民共和国和汤加王国联合新闻公报》
100	新西兰	其他	2017/03/27	《中华人民共和国政府和新西兰政府关于加强“一带一路”倡议合作的安排备忘录》

四、各国营商环境指数总表

国家	综合指数	国家安全	企业生存环境	市场环境	基础设施	社会服务环境
新加坡	63.9	59.5	79.4	58.8	73.8	48.0
文莱	60.3	77.9	72.5	46.0	54.2	51.0
马来西亚	58.9	58.1	71.8	47.7	62.2	59.9
印度尼西亚	57.3	62.2	67.3	47.1	58.5	51.3
泰国	55.9	59.4	69.6	54.1	56.3	40.0
越南	55.5	66.1	66.4	49.2	54.6	41.2
老挝	55.3	70.8	57.5	44.9	42.0	41.3
柬埔寨	51.9	70.5	60.2	46.9	41.5	35.2
菲律宾	49.9	66.3	60.7	40.9	48.7	33.0
缅甸	48.2	61.3	62.2	42.5	39.6	35.3
东帝汶	40.4	39.9	58.1	43.7	23.1	37.0
阿拉伯联合酋长国	58.7	58.2	79.3	46.8	67.6	41.6
科威特	56.9	60.5	68.9	45.3	57.3	44.5
沙特阿拉伯	56.8	61.3	61.4	41.0	58.1	42.1
巴林	56.4	58.0	70.0	37.9	54.7	56.4
阿曼	55.9	57.0	71.4	47.2	55.6	44.9
土耳其	53.8	58.2	68.3	47.4	58.7	36.4
卡塔尔	53.7	54.8	70.0	41.6	54.8	47.0
塞浦路斯	53.4	69.3	71.6	39.0	51.6	40.7
伊朗	52.7	58.3	69.6	35.9	48.5	51.0
以色列	52.1	45.7	67.0	43.5	57.6	46.7
约旦	51.5	58.2	70.1	40.0	49.3	40.0
黎巴嫩	51.2	59.5	58.8	36.3	47.1	39.8
埃及	50.1	58.7	61.7	40.5	53.3	36.2
巴勒斯坦	47.4	59.3	72.9	42.1	31.3	31.5
也门	45.7	60.1	70.4	35.3	29.4	33.8
伊拉克	43.2	33.0	66.7	37.0	44.6	34.5

续表

国家	综合指数	国家安全	企业生存环境	市场环境	基础设施	社会服务环境
叙利亚	40.6	41.1	61.7	31.5	37.9	31.0
爱沙尼亚	59.0	65.7	61.7	46.9	54.4	46.5
黑山	57.9	73.9	71.8	46.6	45.8	51.7
波兰	56.2	65.3	74.8	44.2	56.1	40.8
拉脱维亚	55.7	68.1	76.0	40.5	50.9	42.9
匈牙利	55.0	64.5	70.8	46.0	52.1	41.3
捷克	54.8	57.4	69.7	46.5	57.7	42.9
罗马尼亚	53.2	68.1	69.8	39.7	49.0	39.4
斯洛文尼亚	53.1	58.0	61.8	48.0	51.0	46.7
保加利亚	52.9	61.7	72.0	40.4	45.3	45.2
斯洛伐克	52.9	64.0	66.8	42.8	50.6	40.0
立陶宛	52.8	60.6	77.6	42.1	51.7	40.0
塞尔维亚	52.4	63.8	70.9	42.7	45.5	39.3
马其顿	52.2	69.8	73.5	35.9	42.9	38.9
波黑	50.8	65.3	62.7	40.9	45.9	39.4
阿尔巴尼亚	50.5	57.0	71.1	42.7	44.0	40.6
克罗地亚	47.7	57.2	63.2	35.8	44.9	37.5
塔吉克斯坦	57.0	61.4	64.4	41.3	46.5	51.8
哈萨克斯坦	54.4	61.5	75.9	38.4	48.8	47.5
土库曼斯坦	53.9	55.5	76.7	47.8	48.5	41.2
吉尔吉斯斯坦	51.4	58.6	77.6	39.2	44.0	37.6
乌兹别克斯坦	48.8	63.2	68.2	36.7	42.6	33.3
俄罗斯	62.0	82.0	73.4	45.1	61.7	47.5
亚美尼亚	56.9	73.0	73.3	41.1	45.9	51.4
格鲁吉亚	52.2	63.2	72.2	42.2	44.2	39.2
白俄罗斯	51.9	52.4	71.1	40.8	45.4	49.0
阿塞拜疆	51.4	62.9	68.1	43.0	33.8	41.2
乌克兰	48.8	46.1	73.6	37.5	49.7	37.0
摩尔多瓦	48.4	61.8	71.0	33.8	40.6	34.8

续表

国家	综合指数	国家安全	企业生存环境	市场环境	基础设施	社会服务环境
不丹	56.9	57.3	73.2	41.5	47.4	65.3
尼泊尔	56.3	74.0	68.9	42.2	44.3	52.1
印度	55.6	63.5	69.6	49.0	59.7	36.1
马尔代夫	54.6	58.4	71.0	43.2	48.7	51.7
巴基斯坦	53.2	63.0	71.2	37.5	50.9	43.2
孟加拉国	49.7	65.2	62.4	43.1	44.3	33.6
斯里兰卡	47.3	47.2	67.4	44.5	31.0	46.5
阿富汗	45.7	51.2	59.1	31.8	41.8	44.8
巴拿马	59.0	71.9	67.7	48.2	52.8	44.4
秘鲁	58.8	65.7	72.7	47.3	48.9	59.3
墨西哥	55.0	50.1	74.1	51.0	57.0	42.7
智利	54.4	60.0	70.6	39.0	50.5	56.3
巴西	49.4	43.6	62.9	40.2	57.2	43.2
阿根廷	49.2	58.5	65.1	37.1	50.0	35.2
牙买加	48.9	38.4	64.1	42.8	43.7	55.5
突尼斯	54.1	62.3	78.1	41.0	48.5	40.8
吉布提	53.6	61.1	65.6	48.1	47.4	36.0
南非	53.2	59.4	65.0	50.7	54.8	36.1
坦桑尼亚	52.7	65.4	57.4	47.0	40.6	37.1
肯尼亚	50.8	64.4	64.5	40.4	42.7	42.1
摩洛哥	50.4	56.3	71.1	39.3	46.4	35.4
埃塞俄比亚	48.4	58.4	64.3	42.7	36.1	30.6
马达加斯加	47.9	63.0	72.2	43.0	29.0	32.2
津巴布韦	47.4	55.0	62.4	39.5	32.3	36.0
喀麦隆	42.3	61.0	57.5	30.2	33.0	29.9
新西兰	62.6	67.1	75.4	42.1	57.5	70.9
韩国	58.0	62.9	72.9	44.4	66.0	43.6
斐济	54.6	64.7	65.1	41.0	45.1	49.4
蒙古国	52.3	62.3	68.2	37.8	44.4	38.9

续表

国家	综合指数	国家安全	企业生存环境	市场环境	基础设施	社会服务环境
密克罗尼西亚	51.7	65.3	66.2	41.0	24.9	61.1
汤加	48.2	71.9	65.6	43.2	23.5	37.0
德国	69.1	79.0	75.6	63.1	81.9	50.7
英国	64.6	58.3	71.2	59.5	75.4	58.4
挪威	63.6	64.2	73.0	48.1	66.5	65.9
瑞士	62.9	64.7	72.5	53.3	70.1	54.1
芬兰	62.0	67.0	79.5	47.3	66.6	59.4
法国	61.2	68.4	76.4	57.3	63.8	50.1
奥地利	60.3	63.9	76.9	47.5	63.7	55.5
荷兰	59.3	58.2	73.2	52.3	74.8	48.2
爱尔兰	59.1	55.2	80.1	51.1	63.4	45.9
丹麦	57.4	68.2	79.9	46.1	60.9	47.0
意大利	55.9	56.5	71.3	46.7	60.1	44.6
西班牙	54.4	46.8	66.4	51.8	62.5	44.3
希腊	53.8	62.8	60.2	44.7	53.2	48.2